아줌마 전도왕
그리고…

아줌마 전도왕
그리고…

김인아 지음

베드로서원

책을 펴내며

전도는 영혼을 사랑하는 일

전도는 영혼을 사랑하는 일이다. 그 사랑은 흔히 말하는 단순한 사랑이 아니라
내 목숨까지 내어주는, 그런 사랑이다.

자동차로 심방을 가는 길이었다. 마음속에 차오르는 끝없는 행복감에 취해 갑자기 차를 세우고 말았다. 겨우내 죽어있던 새싹들이 어느새 파릇파릇한 모습으로 다시 태어나 땅 위로 힘차게 솟구치고 있었다. 그 모습이 얼마나 아름답던지…. 그 모습을 한참동안 바라보며 나는 홀로 얼마나 감격했는지 모른다. 그동안 나를 짓누르던 어렵고 힘든 문제들이 불현듯 아무것도 아니라는 안도감에 깊은 한숨을 내쉬었다. 갑자기 모든 것을 잘 해낼 수 있을 것이라는 용기가 솟아올랐다.

하나님은 30년 가까운 세월 동안 내 마음속에 변함없는 소망을 주셨다. 그 소망을 붙들고 오직 복음을 향해 힘차게 달려왔다. 어떤

때는 너무 힘들고 탈진해서 죽음의 문턱을 넘나들었지만, 그것이 복음을 전하는 데 방해가 될 수는 없었다. 오히려 그것으로 인해 복음의 능력을 덧입을 수 있었다.

복음을 전하면서 때로는 교회 내 성도들의 시기와 질투로 핍박을 받은 적도 있었다. 상처난 가슴에서 피눈물이 흘러내렸다. 그때마다 주님은 나보다 더 아픈 모습으로 찾아와 용기를 주시고 오히려 더 깊은 사랑과 용서와 참을 수 있는 은혜를 선물로 주셨다.

과천교회 12년 사역을 마치게 되면서 2만 명 돌파 감사예배를 드렸다. 그리고 모교회인 노량진교회에서 사역을 시작한지 2년 5개월동안 전도대를 조직하여 최선을 다한 결과 수많은 새로운 식구들이 등록하고 양육되는 모습을 지켜보면서 어떤 교회든 전력을 다해 전도하면 부흥할 수 있다는 확신을 얻었다.

《아줌마 전도왕》에 이어 10년 만에 새로운 책을 출판할 수 있도록 허락하신 하나님께 감사드린다. 나는 시간이 허락하는 한 다른 교회로 집회를 가기 위해 노력한다. 다른 교회를 방문할 때마다 느끼는 것은 어떤 자세로 전도에 임해야 하는지를 알지 못한다는 것이다. 체계적인 방법과 인내 없이 전도를 하다가 열매를 맺지 못하면 쉽게 포기하는 전도자들이 부지기수다.

더군다나 목사님들이 전도에 대한 올바른 마음가짐을 가지고 있지 않는 모습을 보면서 얼마나 마음이 아팠는지 모른다. 오랜 세월 갈고 닦은 전도방법과 간증을 집회 현장에서 전하고 나면 감동받은 많은 성도들이 전도에 대한 새로운 각오를 다지는 모습을 보면서 나의 모든 지식과 은혜를 다 쏟아부어주고 싶다는 간절한 일념에 불타올랐다. 그래서 다시 한 번 용기를 내어 이 책을 쓰게 되었다.

머리말을 쓰려니 30대 중반의 유 집사님이 떠올랐다. 암으로 천국 가기 직전에 유 집사님은 사랑하는 일곱 살짜리 딸을 끌어안고 몸부림치며 울었다. 그 모습을 보며 나도 얼마나 울었는지 모른다. 유 집사님이 천국으로 떠난 뒤 유 집사님의 동생이 내게 조그마한 수첩을 건넸다. 하얀 여백이 보이지 않을 정도로 깨알같이 쓰여 있던 말…. '미안해 미연아….' 그 수첩 안에는 유 집사님이 얼마나 자신의 딸을 사랑했는지 그 절절한 마음이 그대로 묻어나 있었다.

복음을 알면 사랑을 알게 된다. 생명까지 내어줄 수 있는 사랑을 알게 된다. 그 사랑을 알아야 교회가 행복해진다. 그 사랑을 알아야 복음도 전할 수 있다.

우리 전도대원들은 전도를 하면서 유 집사님이 가졌던 사랑의 마음을 비로소 깨달았다. 무섭도록 눈보라가 휘몰아치던 한겨울에도, 체감 온도가 영하 25도 아래로 내려가는 혹한 속에서도, 우레와 번개가 하늘을 가르고 장대 같은 빗줄기가 눈앞을 가리는 장마철에도, 결코 굴하지 않고 복음을 전하기 위해 환한 미소로 교회문을 나서던 전도대원들의 뒷모습을 보면서 나는 하염없이 눈물을 흘렸다.

나는 과천교회와 노량진교회의 전도대원들을 내 생명처럼 사랑했다. 그분들께 이 자리를 빌어 감사의 마음을 전하고 싶다. 내가 사역의 눈을 뜰 수 있도록 도와주신 김찬종 목사님, 내가 힘들 때마다 격려해 주시고 온유한 목회자의 모습을 보여 주신 강신원 목사님께 감사드린다. 내가 탈진되어 죽음의 문턱에 서 있을 때 나를 부둥켜안고 하나님께 살려달라고 밤새워 몸부림치던 나의 남편과 두 딸, 그리고 항상 나의 기쁨이 되는 손자 원규, 민규, 현규, 내가 가장 힘들 때마다 엄마 같이 온 몸을 다 바쳐 도와주던 사랑하는 언니 김영아 권사님께 고마움을 전한다. 또 내가 책을 낼 수 있도록 도와주신 베드로서원 방주석 사장님과 책의 편집과 교정을 위해 수고하신 모든 분께 감사를 전한다.

지난 30여 년간 나는 전도와 양육을 위해 최선을 다했다. 그리고 과천교회와 노량진교회에서 14년 5개월 동안 부교역자 훈련을 마쳤다. 부족한 이 어린 종에게 하나님께서는 죽전 부근에 구하리교회의 개척을 허락하셨다. 280평 대지에 건평이 300평이 넘는 교회를 주셔서 성전을 건축하고 있는 중이다. 구하리교회를 섬기는 종으로 불러 주신 하나님께 모든 영광을 돌린다.

하나님께서 나를 향해 계획하신 모든 비전을 가슴에 품고 열심히 준비하면서 오늘도 청계산에 올라 부르짖으며 기도한다. 다시 한 번 내 생명을 바쳐 새로운 생명을 살리는 일에 힘차게 날갯짓 할 것을 다짐하며 하나님께 감사의 기도를 올린다.

구성지구를 구하는 구하리교회

용인을 구하는 구하리교회

민족을 구하는 구하리교회

세계를 구하는 구하리교회

참으로 멋진 하나님을 찬양한다. 나의 조국에 다시 한 번 부흥의 불길이 일어날 수 있도록 불쏘시게 역할을 할 수 있기를 소망한다.

프롤로그

아들이 떠나던 날

하얀 시트를 걷어내자 창백한 아들의 얼굴이 또렷하게 시야에 들어왔다. 하나님 앞에 무릎을 꿇었다. 나도 모르게 기도가 나왔다.

"하나님, 우리 아들 천국가게 해주세요."

불과 몇 시간 전의 내 모습과는 너무도 대조적이었다. '내가 하나님께 무릎을 꿇다니….' 하나님이 원망스러워서 절대 믿지 않겠다고 소리치던 나였다. 하지만 아들이 죽는 순간 내 안의 교만이 한순간에 무너져 내렸다. 한없이 터져 나오는 울음을 참기 위해 손으로 입을 틀어막았다.

다음 날, 금촌 기독교 묘지에 아들을 안장했다. 등록만 해놓고 다니지 않았던 집 앞의 남강교회였지만 너무나 고맙게도 남강교회 목사님과 사모님이 직접 오셔서 하관 예배를 드려주셨다. 아들은 한 줌의 흙으로 돌아가 버렸다. 내 삶의 모든 것이었던 아들이 이제는 이 세상에 없다. 내 안의 모든 에너지가 한순간에 소멸되어 버린 듯했다. 삶의 희망도 함께 사라져버렸다.

초점 없는 눈동자로 나는 하염없이 아들의 무덤을 바라보고 있었다. 마지막으로 목사님께서 축도를 하실 때 갑자기 사모님이 내 어깨를 툭 치셨다. 그러고는 손으로 하늘을 가리켰다.

"집사님, 저기를 보세요."

사모님의 손끝을 부지런히 따라간 내 시선은 하늘로 향했다. 순간 나는 벌어진 입을 다물지 못했다. 내가 헛것을 보고 있는 것은 아닌가? 내 눈앞에는 영광스런 환상이 펼쳐졌다. 그 순간 나는 천사들에게 안겨 하늘로 올라가는 아들의 모습을 보았다. 나에게 손을 흔드는 승규…. 나는 아들과 마지막 작별 인사를 했다.

"승규야, 엄마도 예수님 잘 믿을게. 나중에 우리 천국에서 꼭 만나자."

내 눈에서 하염없이 흘러내리는 눈물, 그것은 회개의 눈물이자 감사의 눈물이었다.

"하나님, 잘못했습니다. 다시는 하나님이 없다는 말을 하지 않겠습니다."

하나님께 무릎을 꿇었다. 그 순간 이전에 내가 가지고 있던 모든 가치들이 깨졌다. 나는 아들의 죽음을 통해 하나님을 인격적으로 만나게 되었다. 아들은 우리 집의 순교자였던 것이다. 그 아들로 인해 내가 하나님을 전하는 사람으로 쓰임 받고 있으니 말이다.

C·O·N·T·E·N·T·S

책을 펴내며
프롤로그

Part 1 _ 연단을 쌓다

chapter *01* · · · 전도의 사명 *16*

chapter *02* · · · 고난으로 탄생한 전도대 *24*

chapter *03* · · · 생명까지 바치는 사랑 *57*

chapter *04* · · · 채우시는 하나님 *70*

chapter *05* · · · 그 은혜 내게 족하다 *82*

Part 2 _ 전도불패의 믿음

chapter *01* · · · 칭찬이 부흥시키는 교회 *98*

chapter *02* · · · 한 사람을 소중히 여기는 마음 *120*

Part 3 _ 궁휼의 하나님

chapter 01 · · · 단장(斷腸)의 아픔으로 오시는 하나님 *132*

chapter 02 · · · 섬김으로 사람의 마음을 열고 *142*

chapter 03 · · · 기도는… *156*

chapter 04 · · · 치유의 종소리 *169*

chapter 05 · · · 그 손의 못 자국을 만져라 *178*

chapter 06 · · · 정착의 중요성 *189*

chapter 07 · · · 전도보다 중요한 양육 *211*

에필로그
마치면서

두 번의 수술과 불면의 밤을 거쳐 내 사랑하는 아들 승규는 천국으로 올라갔다. 자식을 잃은 어미의 마음은 한없는 나락을 헤맸다. 하지만 그 아들은 '순교자'였다. 아들의 죽음을 통해 나는 영적으로 다시 태어났다. 그리고 하나님께 온 생명을 다 바쳐 일할 수 있는 일꾼으로 바로 설 수 있었다.

●●●●●● *PART* 1

연단을 쌓다

chapter 01
전도의 사명

그런즉 그들이 믿지 아니하는 이를 어찌 부르리요 듣지도 못한 이를 어찌 믿으리요 전파하는 자가 없이 어찌 들으리요 롬 10:14

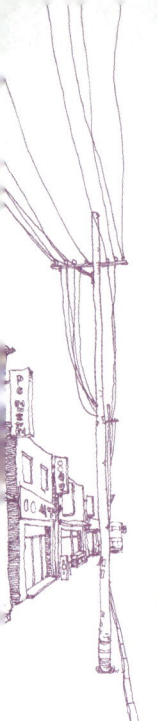

순교자가 된 아들

    내가 처음으로 사역을 시작한 것은 20여 년 전으로 거슬러 올라간다. 나는 3대째 예수를 믿는 집안의 둘째딸로 태어났다. 유복한 가정에서 태어나 아버지와 어머니의 사랑을 듬뿍 받으며 자랐다. 조금 이르기는 하지만, 고등학교 3학년 때 지금의 남편을 만났다. 그래서 대학 진학을 포기하고 남편과 결혼했다.

    남편은 직장인이었다. 마음이 넓어 나를 잘 이해해주었을 뿐만 아니라 사랑이 넘치는 사람이었다. 사회생활이나 가정생활이나 흐트러짐이 없어서 절로 존경이 우러날 정도였다. 비교적 유복한 환경에서 성장한데다 결혼한 이후에도 경제적으로 안정돼 있어서 한 번도 돈의 부족함을 느껴보지 못했다. 거기에 인품까지 훌륭한 남편을 만났으니 세상에 부러울 것이 아무것도 없었다. 그리고 사랑스런 우리의 첫째 딸이 태어났다. 딸에 이어 나는 떡두꺼비 같은 아들까지 낳았으니 그 행복감은 뭐라 말로 표현하기 힘들었다.

그런 세상의 행복에 취해 나는 하나님과 점점 멀어지고 있었다. 결혼 초에는 그래도 꼬박꼬박 주일성수를 했다. 그러나 결혼 생활 하랴, 친구 만나랴, 늘 바쁘던 나는 교회를 한 주 빠지고, 또 한 주 빠지다 보니 한 달에 한 번 정도 형식적으로 예배를 드리러 가는 게 신앙생활의 전부가 되었다.

둘째 아이를 임신했을 때였다. 나는 반복적으로 악몽을 꾸기 시작했다. 언니는 그런 나에게 하나님께 돌아오라는 경고의 메시지 같다고 말했다. 나는 그런 말을 하는 언니가 야속해서 화를 내며 돌려보냈다. 아들은 건강하게 무럭무럭 잘 자랐다. 나의 행복은 점점 차고 넘쳐 우리 가정에는 웃음꽃이 만발했다.

그러나…, 그것은 순간적인 것이었고 유리병처럼 깨지기 쉬운 행복이었다. 그렇게 건강했던 아들이 하루아침에 머리가 부풀어 오르는 '뇌수종'이란 병에 걸린 것이었다. 행복했던 우리 가정에 어두운 그림자가 깃들이기 시작했다. 나를 안락하게 감싸고 있던 행복이란 배는 순식간에 바다 한 가운데에서 표류하기 시작했다.

두 번의 수술과 불면의 밤을 거쳐 내 사랑하는 아들 승규는 천국으로 올라갔다. 자식을 잃은 어미의 마음은 한없는 나락을 헤맸다. 하지만 그 아들은 '순교자'였다. 아들의 죽음을 통해 나는 영적으로 다시 태어났다. 그리고 하나님께 온 생명을 다 바쳐 일할 수 있는 일꾼으로 바로 설 수 있었다. 하나님은 아들을 잃은 내 상처보다 더 큰 슬픔으로 나에게 다가오셨다. 그리고 주님께서는 내 마음을 위로해주시고 치유해주셨다. 나는 그 고통과 아픔을 뛰어넘었고 비로소 전도사역에 뛰어들 수 있게 되었다. 나는 많은 사람들을 하나님께 돌아오게 만드는 '하나님의 심부름꾼'이 되었다.

아줌마 전도사의 교회 입성기

1996년 3월 28일, 나는 과천교회 전도사로 부임했다. 부임 첫날 행여 새벽 예배에 늦을세라 동도 트기 전인 새벽 4시 번쩍 눈을 떴다. 급히 채비를 마치고는 아직도 추위가 가시지 않은 쌀쌀한 새벽 바람을 맞으며 교회로 향했다. 교회는 네모반듯한 빨간 벽돌 건물이었다. 건물 이곳저곳이 낡아 있어 한눈에 봐도 지은 지 꽤 오래된 건물이었다. 건물에서 풍겨져 나오는 예스러움이 과천교회의 오랜 역사를 짐작케 했다. 교회 뒤로는 관악산이 병풍처럼 둘러쳐 있었고, 뒤편에서 졸졸졸 흐르는 물소리는 경쾌하고 맑았다. 교회의 첨탑 위로는 하늘로 곧게 뻗은 십자가가 있었다.

계절은 바뀌고 있었다. 겨울이 시간의 이면으로 사라지고 봄이 성큼성큼 다가오고 있었다. 교회 앞에 서서 나는 잠시 상념에 빠졌다. '이곳에서 나의 봄을 맞을 수 있을까? 그래, 여기에서 하나님을 위해 내 생명을 바치자. 그래서 하나님께 온전히 쓰임 받는 사역자가 되자!'

깊게 숨을 내쉬며 마음을 가다듬었다. 나는 교회를 향해 성큼 걸음을 내딛었다. 교회에 발을 내딛는 순간 이전의 나는 이미 사라지고 없었다.

눈부신 햇살과 푸른 하늘이 두 눈 가득 들어왔다. 청명한 날씨는 그 날의 내 기분을 말해주는 듯 신선했다. 설레지만 평온한 나의 마음을 아는지 목사님과 교회 식구, 그리고 성도들은 나를 따뜻하게 맞아주었다. 긴장과 설렘이 교차하는 가운데 전도사의 고된 여정이 시작되었다.

과천교회로 오기 전에 나는 노량진교회에서 평신도로 사역했다. 그래서 전도사라는 직분을 맡기는 했지만 지도자로서의 역량을 제대로 갖추지 못했다. 일에 서툴러 교구 관리에 어려움을 겪었고 이런저런 시행착오를 반복했다. 하지만 성령님의 도우심을 믿고 주님의 일에 전심을 다해 노력하고 또 노력했다. 내가 할 수 있는 것은 그것밖에 없었다.

그렇게 한 달이 지나고 또 두 달이 지났다. 시간이 흐름에 따라 일에 익숙해져 갔다. 처음에는 걱정스런 표정으로 지켜보던 목사님도 점점 나를 인정하기 시작했다. 나는 그분들의 기대에 부응하기 위해 사력을 다해 사역에 매달렸다. 힘들었지만 전도사 일에 점점 재미를 붙였고 영적으로도 꾸준하게 성장해 가는 것을 느낄 수 있었다.

영적 성장의 열쇠는 역시 기도다. 나는 기도에 모든 힘을 쏟아 부었다. 새벽마다 기도하던 사람들이 모두 떠나갈 때까지 홀로 남아 끝까지 기도했다. 나는 하나님께 매달려 하루 빨리 영적으로 성장하고 사역에 충실할 수 있게 해달라며 기도했다. 그렇게 몇 시간을 간절하게 기도하고 나면 온 몸은 물먹은 솜처럼 노곤했지만 정신은 유리알처럼 투명하고 맑았다.

그날도 나는 어김없이 동이 트기 전에 일어났다. 준비를 마치고 집을 나서자 캄캄한 하늘에 별이 총총 빛나고 있었다. 나는 거리에 깔린 어두움을 헤치며 서둘러 교회로 향했다. 교회에서 나는 몇 시간째 기도를 하고 있었는지 잘 모르겠다. 곁에서 기도하던 성도들이 한 사람, 두 사람, 모두 집으로 돌아갈 때까지 예배당을 떠나지 못했다. 하나님 앞에서 이 연약한 종이 쓰임 받는 제자가 될 수 있도록 해달라고 주님께 울며 매달렸다.

"주님, 저는 아무런 능력도 없습니다. 그런데도 제가 과연 이 일을 잘 감당할 수 있을까요? 주님 저에게 능력을 주십시오. 저를 도와주십시오."

나는 주님께 부르짖었다. 그때 주님의 세미한 음성이 내 귀에 울렸다.

'하루하루 너에게 맡겨진 사명을 잘 감당하거라.'

처음 부임해서 몇 달 동안은 중앙교구와 1교구를 맡아서 관리했다. 심방도 다니고 전도도 하면서 바쁜 나날을 보냈다. 부임한 지 3개월째 되던 어느 날 목사님이 나를 부르셨다.

"전도사님, 한번 전도대를 만들어 보시면 어떻겠습니까?"

"아, 전도대 말입니까? 알겠습니다. 최선을 다해 만들어 보겠습니다."

나는 하나님의 뜻에 순종하기 위해 한 치의 망설임도 없이 목사님의 제안을 받아들였다. 전도대를 조직하려고 보니 전도대원을 모집하는 게 급선무였다. 그래서 교회 주보에 모집 공고를 냈다. 나중에 신청자를 취합해보니 생각보다 많은 숫자의 성도들이 모였다. 모두 40명, 신청한 사람들은 하나같이 교회 일을 내 일같이 생각하는 분들이었다.

40명의 전도대원들과 함께 나는 과천교회 전도대를 이끌어가기 시작했다. 우리의 염원을 담은 과천교회 전도대는 처음에는 순조롭게 출발했다. 하지만 얼마 지나지 않아 문제가 발생하기 시작했다. 우리의 희망과는 달리 몇몇 전도대원들로 인해 삐걱대는 소리가 들리기 시작했다.

노량진교회와 과천교회는 같은 노회 소속이다. 노량진교회 평신도였던 내가 과천교회 지도자가 되니 주변 집사님들의 시선이 곱지가 않았던 것이다. 자신들과 같은 아줌마 집사였던 내가 갑자기 자신들을 이끄는 전도사가 되니 탐탁치가 않았던 모양이다. 시기와 질투의 감정들이 사역을 방해하기 시작했다. 전도대는 자꾸 불협화음을 내고 있었다. 나를 바라보는 전도대원들의 시선과 태도가 점점 거칠어졌다. 애당초 전도대를 조직할 때부터 지도자로서 나의 권위는 없었던 것이다.

모든 조직에서 수장의 권위는 절대적이어야 한다. 그래야 조직을 일사분란하게 움직일 수 있다. 그런데 하나님의 일을 하는 지도자가 성도들의 존경을 받지 못하니 그 일이 제대로 이루어질 수 있겠는가! 나는 다시 하나님께 매달리기 시작했다.

"하나님! 저를 전도사로 세우셨으니 하나님의 일을 수행할 수 있는 권위를 주시고 마음껏 일할 수 있는 환경을 만들어 주십시오."

나의 기도에 하나님은 이렇게 응답하셨다.

'네가 본이 되어라.'

'아, 그렇구나! 그런데 다른 사람의 본보기가 되려면 어떻게 해야 하나? 그래, 뭐든지 솔선수범해서 사람들에게 인정받는 전도사가 되자!'

그렇게 결심하자 나는 남들보다 조금 더 부지런하게, 조금 더 열심히 하나님께 기도하기 시작했다. 그날 이후부터는 새벽 3시가 되었든, 4시가 되었든, 시간에 관계없이 눈을 뜨자마자 교회로 달려갔다. 모든 교인들이 새벽 기도를 마치고 집으로 돌아간 후에도 혼자 남아 뜨겁게 눈물을 뿌리며 하나님께 기도했다. 어떤 날은 그렇게 기도하다가 지쳐 잠이 들기도 했다. 후에 어떤 사람은 내가 교회에서 살다시피 하니까 과부인 줄 알았다고 말하기도 했다. 또 어떤 사람은 일시적인 열심은 차라리 안 하느니만 못하다면서 충고하기도 했다. 하지만 나는 그런 말에 흔들리지 않았다. 오로지 기도만 붙들고 매달렸다.

추운 겨울에도 나의 기도는 그칠 줄을 몰랐다. 모두가 돌아간 겨울의 예배당은 너무나 적막하고 쓸쓸했다. 살이 에이는 듯한 추위 속에서도 나는 하나님의 사람으로 바로 서고 싶은 열정으로 주님께 울면서 계속 매달렸다. 인정받는 전도사, 권위 있는 전도사가 될 수 있게 해달라고 하나님께 빌고 또 빌었다.

chapter 02
고난으로 탄생한 전도대

의를 위하여 박해를 받은 자는 복이 있나니
천국이 그들의 것임이라 마 5:10

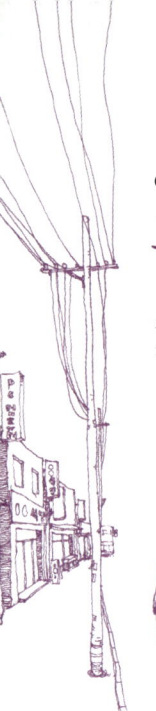

나를 낮추시는 주님

"목사님들 안 계세요?"

김 집사님이 퉁명스런 목소리로 내게 물었다. 화내는 듯한 김 집사님의 말투가 마음에 걸렸다. 과천교회 전도사로 부임한 지 6개월쯤 접어들었을 때였고, 전도대를 조직한 지도 벌써 3개월이 흘렀다. 나는 40명의 전도대를 이끌면서 하루하루 최선을 다하고 있었다. 하지만 점점 힘에 부쳤다. 몇몇 전도대원들은 간접적으로 나의 직책에 불만을 표시했다. 노량진교회에서 집사로 있던 사람이 전도사가 되어 자신들을 이끈다는 사실이 그들을 화나게 한 모양이었다. 김 집사님도 그 중 한 사람이었다.

"사무실에 아무도 안 계십니다."

나는 차분한 목소리로 대답했다. 이런 일에 일일이 다 반응하면 나만 힘들 뿐이다. 게다가 나는 전도사였는데 하나님의 일을 하는 사람이 이런 사소한 일에 화를 낸다면 그게 말이 되겠는가? 나는 얼굴에 미소를 머금었다.

그런데 김 집사님 옆에 한 여자가 어깨를 축 늘어뜨리고 서 있었다. 나는 내 안의 복잡한 감정을 추스르느라 집사님 옆에 서 있는 여자를 그저 눈으로만 훑고 지나쳤던 모양이었다.

"전도사님, 목사님께 이분 안수기도를 좀 받게 하고 싶은데…. 목사님이 안 계시니 전도사님께서 대신 기도해 보실래요?"

고개를 꼿꼿하게 치켜든 김 집사님은 나를 위 아래로 훑으면서 말했다. 너무나 신경질적인 목소리에 나는 갑자기 화가 머리끝까지 치밀었다. 하지만 이내 마음을 고쳐먹고 상한 마음을 달래며 차분하게 대답했다.

"예 알겠습니다. 제가 곧 따라 가겠습니다. 이분을 모시고 먼저 지하 기도실로 내려가 계세요."

집사님과 함께 왔던 여자가 사무실 밖으로 나갔다. 그 모습을 보면서 나는 하나님께 기도하기 시작했다.

'하나님, 김 집사님의 무시하는 듯한 태도를 보셨나요? 저는 전도사도 아닙니다. 제 권위는 이미 바닥에 떨어진 지 오래입니다. 하지만 주님, 여기서 주저앉을 수는 없습니다. 제발 안수기도할 때 하

나님의 놀라운 역사가 일어나 저 집사님의 코를 납작하게 만들어 주세요.'

그렇게 기도를 마친 후 나는 지하 예배당으로 갔다. 예배당에 들어서니 김 집사님 옆에 무릎을 꿇고 있는 여자가 보였다. 나는 그 여자의 머리 위로 손을 얹었다. 그런데…, 안수기도를 시작하려는 찰나 하나님의 음성이 내 귀에 들리는 것이 아닌가!

'사랑하는 종아! 지금 너는 자신의 권위만 생각하는구나. 내가 보낸 이 불쌍한 여인은 네 눈에 전혀 보이지 않느냐?'

순간 커다란 고통이 내 가슴을 내리쳤다. 내 눈에 눈물이 맺혔다. 오직 자신의 권위만을 생각했던 어리석고 교만한 내 모습이 뚜렷이 보였다. 나를 화나게 만들었던 김 집사님의 교만만 비난했지, 정작 남들에게 대접받고 싶어 화를 내던 나의 교만은 미처 깨닫지 못했던 것이다. 자신의 권위에 대한 욕심 때문에 마음의 상처를 치료하기 위해 온 한 어린양의 얼굴은 제대로 쳐다보지도 않았던 것이다. 머릿속에 이러한 생각이 스쳐갈 즈음 그 여자의 모습이 내 눈에 들어왔다.

여자의 모습은 엉망이었다. 며칠 동안 머리도 감지 못했는지 머릿결은 수세미처럼 헝클어진 채 떡이 져 있었다. 코를 찌르는 지린내와 비릿한 냄새는 몇 달 동안 전혀 씻지도 않았음을 말해주고 있었다. 옷도 갈아입은 지 얼마나 되었는지 까맣게 때가 껴 있었다. 여자는 노숙자나 다름이 없었다. 마치 길거리에서 오랫동안 생활한 사람 같았다. 그런 여자의 처참한 모습을 바라보는 내 눈에서 하염없이 눈물이 흘러나왔다. 회한의 눈물이었다. 나는 비로소 김 집사님에게 이 여자의 상황에 대해서 물었다.

"집사님, 이 분을 어떻게 만났습니까?"

"제가 맡고 있는 과천 8단지의 아파트에 사시는 분입니다."

그리고 내가 전해 들은 사연은 이랬다. 김 집사님은 여느 때와 마찬가지로 과천 8단지에 전도를 하러 갔다. 3년 동안 꼬박꼬박 찾아갔지만 그 집의 문은 한 번도 열린 적이 없었다. 김 집사님은 오늘도 어김없이 과천 8단지로 전도를 하러 나갔다. 그런데 웬일인지 오늘 그 집의 문이 열렸던 것이다. 조심스럽게 집 안으로 들어간 김 집사님은 집 안의 광경을 보고 놀라서 입을 다물 수가 없었다. 대낮인데도 커튼으로 사방을 막아 놓아서 집안은 어두컴컴했다. 방바닥에는 발 디딜 틈도 없이 온갖 옷가지며 쓰레기가 여기저기 널려 있었다. 얼마나 환기를 안 시켰는지 집안엔 시큼한 냄새가 코를 찔렀다. 놀라서 주위를 둘러보던 김 집사님의 눈에 뭔가가 들어왔다. 황폐하기 그지없는 집 안 거실 한 구석에 자그마한 몸집의 여인 한 명이 온 몸을 웅크리고 있는 것이 보였다. 여자는 초점이 풀어진 멍한 눈빛으로 김 집사님을 바라보았다. 김 집사님은 용기를 내어 그 여자 곁으로 다가가 복음을 전하기 시작했다. 그러기를 몇 시간, 김 집사님은 오랜 설득 끝에 그 여자를 간신히 교회로 데려올 수 있었다.

자초지종을 들은 나는 말문이 막혔다. 그렇게 정성을 들여 교회로 데리고 왔는데 정작 전도사라는 사람은 자신의 권위만을 생각했다는 것이 너무도 부끄러웠다.

"주님, 이 부족한 종을 부디 용서하시고 이 여인을 불쌍히 여겨 주세요."

나는 하나님께 전심을 다해 사죄했다. 그리고 그 여인을 위해 구원의 기도를 드리기 시작했다. 두 시간이 순식간에 흘렀다. 기도를 하는 동안 여인의 몸부림은 절규에 가까웠다. 힘들고 고통스런 시간이었다. 그 기도는 단순히 그 여자만을 위한 기도가 아니었다. 나를 위한 기도이기도 했다. 오랜 시간이 흐르고 마침내 변화가 일어났다. 하나님은 놀랍게도 그 시간을 통해 그 여인과 내 마음을 모두 치유해주셨다. 놀랍고 감동적인 은혜가 우리 두 사람에게 쏟아져 내렸다.

"성도님, 일단 집에 가서 쉬신 후 오늘 저녁 수요 예배에 꼭 나오세요."

기도를 마친 나는 그 여인과 작별 인사를 했다. 여인이 예배당을 떠난 뒤에도 나는 무릎을 꿇고 앉아 다시 하나님께 용서를 빌며 기도했다. 눈물을 쏟으며 엎드려 간구하고 또 간구했다.

해질 무렵이 되었다. 저녁 예배에 참석하기 위해 본당 입구로 들어오는 성도들이 하나 둘씩 늘어나기 시작했다. 성도 한 사람, 한 사람과 악수하며 인사를 나누고 있을 때였다. 한 여성도가 내게 다가와 예의 바르게 인사했다. 옷차림은 아름다웠고 무척 세련돼 보였다. 몸에서는 품위가 흘러 사회적으로 높은 지위에 있는 사람처럼 보였다. 그녀의 행동은 당당하고 자신 있어 보였다. 나는 기억력이 좋은 편이어서 사람들을 잘 기억했지만 그녀는 아무리 생각해봐도 기억이 떠오르지 않아 순간적으로 몹시 당황했다. 분위기를 감지한 눈치 빠른 성도는 자신을 소개했다.

"전도사님, 저 모르시겠습니까?"

"누구신지…?"

"오전에 전도사님께서 저를 위해 기도해 주셨잖아요."

나는 너무 놀라서 뒤로 넘어질 뻔 했다. 아무리 생각해도 내가 오전에 만났던 그 여인과 지금 내 눈앞에 있는 세련된 성도가 동일 인물이라고는 도저히 생각할 수 없었다. 그녀는 완전히 다른 사람으로 탈바꿈해 있었다. 나는 이것이 혹시 꿈이 아닐까 눈만 깜박거리며 그녀를 멍하니 쳐다보았다.

그날 이후 그 여인은 열심히 교회에 나왔다. 신앙생활을 열심히 하면서 하나님을 만나게 되었고 지속적으로 하나님과 교제했다. 그리고 전도대에도 합류해서 열심히 전도활동을 했다. 전도를 하며 그 여인은 다른 사람들을 치유하면서 스스로도 치유되는 값진 경험을 했다. 하나님의 놀라운 은혜가 그 여인을 통해 드러났다.

그 여인은 물질적, 환경적으로 아무런 부족함이 없는 사람이었다. 그러나 남편의 잦은 출장과 해외 파견 근무로 혼자 한국에서 지냈고, 시간이 흐르면서 여인의 외로움은 갈수록 깊어졌다. 외부 출

입이 끊어졌고 집안에만 틀어박혀 지냈다. 극심한 우울증은 여인을 폐인으로 만들었다. 죽음보다 깊은 병이 여인을 절망 속으로 밀고 갔다. 여인은 삶의 의지를 잃고 집안에 홀로 방치돼 있었던 것이다.

하지만 교회에 나오면서 새로운 희망을 발견했다. 전도대원으로 활동하면서 우울증 약도 끊을 수 있었다. 주님은 3년 동안이나 여인을 괴롭혔던 우울증을 말끔히 고쳐주셨다. 그리고 새로운 삶의 의지와 희망을 공급해 주셨다. 그리고 상황도 변하여 얼마 후에는 남편이 있는 외국으로 떠날 수 있게 되었다. 남편과 다시 함께 살게 된 그 여인은 그곳에서도 열심히 복음을 전하면서 하나님을 증거하는 은혜로운 삶을 살아가고 있다.

염하실 성도님을 모집합니다

전도하면서 느끼는 것은 하나님이 전도 대상자뿐만 아니라 전도자에게도 많은 은혜를 내려주신다는 사실이다. 주님은 내게 국내외에서 많은 집회를 할 수 있는 은혜를 허락하셨다. 많은 교회로 집회를 다니면서 나는 점점 유명해졌다. 그런 자신을 보면서 교만했던 이전의 내 모습으로 되돌아가는 것은 아닐까 하는 두려움이 스며들었다. 나는 하나님 앞에 엎드려 다시 간구하기 시작했다.

'주님, 항상 제 자신을 살펴볼 수 있게 도와주옵소서. 제가 다시 이전의 교만에 빠지지 않도록 우리 주님이 붙잡아 주옵소서.'

그러던 어느 주일, 나는 교회 주보를 통해 우연히 광고를 하나 보게 되었다.

〈돌아가신 여성 성도님께 정성스럽게 염을 해주실 여성 성도님을 모집합니다.〉

과천교회에서는 성도가 소천하면 대부분 교회 장로님과 집사님이 염을 해주신다. 그런데 돌아가신 분이 여성일 경우에는 아무래도 남성 장로님이나 집사님들로서는 불편했던 모양이었다. 그 광고를 보면서 하나님이 내게 주신 기회라는 것을 단번에 깨달았다. 나를 낮추고 겸손할 수 있도록 특별히 허락하신 기회였다. 나는 곧바로 담당 장로님께 달려갔다.

"제가 하겠습니다. 언제부터 시작하면 되죠?"

담당 장로님은 내일부터 당장 배우라며 나에게 염을 배우는 과정을 소상히 알려주셨다. 나는 장로님이 일러준대로 마네킹을 가지고 염하는 과정을 몇 주에 걸쳐 익혔다.

그러던 어느 날, 한 여 집사님이 소천하셨다는 소식이 들렸다. 나는 몇 분의 권사님들과 함께 병원으로 달려갔다. 드디어 내 생애 처음으로 염을 하게 되었다. 나는 잔뜩 긴장한 채 시신 앞에 섰다. 먼저 하나님께 기도한 후 돌아가신 집사님이 입고 있던 옷을 가위로 찢어서 차분히 벗겨냈다. 몸 위를 습자지로 살포시 덮는 것도 잊지 않았다. 그러고는 거즈에 알코올을 묻혀서 몸을 닦기 시작했다.

원래 염을 할 때는 하얀 가운을 입고 손에는 장갑을 낀 채 염을 한다. 하지만 그날따라 왠지 맨손으로 몸을 닦아드리고 싶었다. 장갑을 끼지 않은 손으로 거즈를 알코올에 살짝 담갔다가 꺼냈다. 손에 약간의 힘을 주어서 알코올을 적당히 짜냈다. 거즈로 집사님의 시신을 닦기 위해 몸에 손을 대는데, 얼마나 몸이 차갑던지 갑자기 주체할 수 없을 정도로 눈물이 쏟아져 내렸다. 가위로 옷을 찢어도 망자는 그 사실을 아는지 모르는지 나무토막처럼 굳어 미동조차 하지 않았다.

'인간은 너무도 하찮은 존재로구나. 예수님이 계시지 않았다면…, 천국이 없었다면… 인간처럼 불쌍한 존재도 없겠구나!'

울컥 눈물이 치밀었다. 그 순간 우리의 삶이 얼마나 무상해 보였던지…. 모든 것이 부질없어 보였다. 하지만 죽음의 무게가 나를 짓누르는 것도 잠시, 나는 주님의 임재가 너무도 감사하고 복음이 내 안에 있다는 사실이 너무도 기뻐서 가슴이 벅차올랐다. 예수님을 만날 수 있었다는 사실이 너무도 감격스러워서 마음은 기쁨으로 충만했다.

'이 집사님은 지금 천국에서 주님의 품 안에 계시겠지!'

그런 생각이 들자 위로받는 느낌이었다.

'언젠가는 나도 이런 모습으로 이 자리에 누워 있겠구나….'

그 집사님의 모습을 보면서 나의 미래가 보이는 것 같았다. 나는 기도하는 마음으로 집사님의 나무토막 같이 굳은 발가락 사이사이에 손가락을 집어넣고 정성껏 닦았다. 다리, 배, 가슴, 얼굴…, 거즈를 잡은 내 손이 집사님의 몸을 스치고 지나갔다. 마지막으로 손가락을 입안에 넣어 이빨 하나하나마다 온 마음을 다해 깨끗이 닦았다. 그리고 머리를 감긴 후에 수의를 몸에 입혔다. 그러면서 이렇게 기도했다.

'하나님, 지금은 제가 이렇게 고인이 된 집사님의 몸을 닦아주지만 주님께서 보혈로 깨끗하게 씻겨 주신 줄로 믿습니다. 지금은 이렇게 제가 수의를 입히지만 주님께서 이미 세마포로 옷을 입혀주셨음을 믿습니다.'

마지막 가시는 길에 아름다운 미소를 잊지 않은 집사님의 얼굴에 곱게 화장을 했다. 천천히 빗질을 하고 염을 끝냈다. 마지막으로 그분의 볼에 키스하면서 작별을 고했다. 집사님이 마지막으로 옷을 입는 모습을 보면서 유가족은 많은 위로를 받는 듯 했다. 나 역시 염을 하면서 내 마음을 직시할 수 있었다. 교만이 내 마음을 장악하지 않도록 항상 도와달라고 주님께 간구의 기도를 드렸다.

전도의 현장에서는 자신의 모습을 바로 볼 수 있는 기회가 많다. 멋 내기를 좋아해서 늘 고가의 옷을 입고 다녔던 강 권사님은 전도를 시작한 후 몰라보게 달라졌다. 권사님은 "싼 옷이 이렇게 몸과 마음을 편하게 만들어 줄 줄은 정말 몰랐어요. 이제 비싼 옷을 살 돈을 아껴서 전도하는 데 사용하려고 합니다"라고 고백했다.

전도를 하면서 비싼 옷이 값싼 옷으로 바뀌고, 그 돈을 아껴 오히려 전도하는 데 쓰겠다는 말까지 서슴없이 하는 강 권사님, 그분을 보면서 하나님께 쓰임 받는 사람은 이전의 교만을 버리고 스스로 낮아지며 남을 섬기는 모습으로 변화된다는 진리를 발견할 수 있었다.

매일 부부 싸움으로 상처가 많았던 팽 권사님도 전도를 하면서 남편과 화해를 경험했다고 고백했다. 한 때는 잦은 부부 싸움으로 이혼까지 생각했던 팽 권사님이었다.

"전도를 하면서 남편과의 갈등에 대해 다시 한 번 생각할 수 있는 시간을 갖게 되었어요. 그러면서 하나님께 이렇게 회개했어요. '하나님, 남편에게 제가 너무 잘못했던 것 같습니다. 용서해주세요. 이제는 자존심을 버리고 남편에게 잘 하겠습니다.'"

이후 권사님은 전심을 다해 남편을 섬기게 되었다. 그러자 부부 관계에 변화가 일어났다. 부부 싸움은 사라지고 관계가 회복되었다. 팽 권사님은 '진작 남편에게 잘할 걸' 하며 깊이 후회했다고 고백했다.

그렇다. 전도는 영혼 구원뿐만 아니라 자신을 온전히 바라볼 수 있는 기회를 준다. 그리스도 안에서 변화될 수 있는 기회를 제공받게 되는 것이다. 나는 전도대원들이 서로의 변한 모습을 보면서 살아계신 하나님의 임재를 경험하는 것을 지켜보았다. 자녀들도 엄마가 많이 달라졌다며 행복해한다. 전도를 하면서 구원하는 것은 다른 사람이 아니라 결국 나 자신이다.

사명감을 깨달으라

"전도사님, 너무 추워서 집에 가야겠어요."

"이 권사님, 그러지 마시고 집에서 이불을 가져오세요. 힘들더라도 조금만 참고 기도해요. 우리의 마음을 하나님께서 아셔서 반드시 응답해 주실 겁니다."

추위에 지쳐 집에 가려는 이 권사님을 막아서며 내가 말했다. 총동원주일을 앞두고 40일 철야 기도하는 중이었다. 추운 날씨 탓에 대원들은 기도하는데 많은 어려움을 겪고 있었다. 그래서 교회에서 기도하다가 힘들면 잠잘 수 있도록 이불을 가지고 오라고 권면했다. 새벽 2시쯤이면 모두들 힘들어서 잠을 청했다. 하지만 나는 단 1초도 잘 수가 없었다. 잠든 대원들을 대신해서 6시간 넘도록 쉬지 않고 통성으로 부르짖으며 기도했다. 잠든 전도대원들이 하나둘씩 깨어날 때까지 내 기도 소리가 끊어지지 않도록 만들고 싶었기 때문이었다.

그 당시 얼마나 추웠는지 손과 발은 물론이고, 온 몸이 얼음장같이 꽁꽁 얼었다. 나중에는 쥐가 나서 손과 발을 쓸 수가 없을 정도였다. 그래도 그 자리를 떠날 수가 없었다. 전도 대상자는 물론이고 전도대원들을 위해서 눈물의 기도를 드렸다.

그렇게 40일 철야 기도가 끝나니 뭔가 아쉬웠다. 그래서 10일을 더 기도했다. 전도대원들 모두 50일 철야 기도를 하는 소중한 영적 경험을 통해 더욱 성장했다. 그럼으로써 모두들 전도하는데 더욱 열정적인 하나님의 사람으로 세워지게 되었다.

12년 전, 과천교회에서 처음 전도대를 시작하던 기억을 떠올려 보면 훈련의 고됨과 즐거웠던 성취감들이 주마등처럼 스쳐간다. 전도대를 조직한 후 가장 시급했던 것이 전도대원들에게 전도의 사명감을 깨닫게 하는 일이었다. 왜 복음을 전해야 하며, 왜 전도를 해야 하는지, 스스로가 그 이유를 알지 못하면 전도는 그저 한낱 요식행위에 불과하기 때문이다. 그래서 나는 전도대원 한 사람 한 사람에게 독하다는 말을 들을 정도로 철저하게 훈련을 시켰다.

매일 아침 전도 현장에 나가기 전에 반드시 20분씩 다 함께 통성으로 부르짖으며 기도했다. 기도원에 가서도 모두 한 마음이 되어서 몇 시간이고 열정적으로 통성으로 부르짖으며 함께 기도했다. 모든 전도대원들은 총동원주일을 앞두고 일 년에 두 차례 65일 혹은 80일 작정 기도를 올렸다. 일주일을 앞두고서는 한마음으로 철야 기도를 올리기도 했다.

그렇게 하다 보니 오직 기도로만 하는 전도훈련에는 한계가 있다는 생각이 들었다. 말씀을 모르면 전도를 할 수 없기 때문이다. 그래서 전도대원들을 교육관으로 불러 하루에 2시간씩 성경 통독 테이프를 틀어놓고 함께 공부했다. 이렇게 교육하니 일 년 동안 신·구약 성경을 한 번씩 들을 수 있었다. 전도대원들에게 말씀을 병행해서 훈련시키니 하나님의 제자로 바로 서는 모습을 볼 수 있었다. 이것이 하나님께서 나에게 내려주신 사명임을 깨닫고 열심히 훈련을 시키는데 매진하니 성과가 조금씩 나타나기 시작했다.

전도대원들에게는 전도 폭발 훈련도 시켰다. 전도에 필요한 다양한 사전 지식을 숙지시킨 후 바로 현장으로 투입했다. 현장 훈련은 처음이 가장 힘들다. 처음에는 서툴러도 현장에 나가서 사람들과 부딪치면서 전도하는 방법을 터득해 나갔다.

과천교회 전도대는 처음에 40명으로 시작되었다. 전도대원 40명이 고된 전도훈련으로 바로 서니 그 다음부터는 전도훈련이 조금씩 수월해졌다. 전도대에 신입대원이 들어오면 훈련이 잘 된 전도대원과 짝을 지어주었다. 그렇게 하니 처음 전도를 해보는 성도라도 금방 방법을 익혀나갔다.

또한 반드시 두 명씩 짝을 지어 조를 편성했다. 짝과 함께 전도를 나가면 혼자 할 때보다 마음이 담대해진다. 많은 전도대원들이 처음 전도하러 나가서는 벨 누르는 것조차 두려워한다. 하지만 훈련된 짝과 2인 1조로 활동하면, 한 달 정도 기간만 지나면 현장에 익숙해져서 전도 박사들이 다 되어 돌아오곤 했다.

본이 되는 교역자

"전도대를 조직하면 처음에는 많은 교인들이 지원을 합니다. 그런데 어찌된 영문인지 시간이 지나면서 차츰 그 수가 줄어들다가 나중에는 한 두 명도 남아 있지 않아요."

다른 교회에서 우리 교회로 전도훈련을 와서 묻는 질문은 한결 같다. 많은 목사님들이 과천교회의 전도대가 잘 운영되는 비결을 궁금해한다. 그러면 나는 "글쎄요…, 잘 모르겠는 걸요" 하며 애매한 대답을 할 수밖에 없었다. 비결이 따로 있다고 생각해 본 적이 없었기 때문이다.

그러던 어느 날 전도에 열심 있는 김 집사님이 나에게 이런 말을 한 적이 있다.

"목사님, 어떨 때는 정말 전도하러 나오기 싫습니다. 하지만 그럴 때마다 목사님 얼굴이 제 머릿속에서 떠나질 않아요. 그래서 안 나가려고 버티다가 결국에는 이렇게 나오고 말아요."

그제서야 나는 우리 교회가 부흥하는 이유를 다른 이들에게 설명할 수 있었다. 그것은 교역자와 전도대가 하나가 되고 서로를 신뢰할 때 많은 생명을 하나님께 돌아오게 할 수 있다는 것이다. 그러기 위해서는 항상 교역자가 교인 앞에서 솔선수범하고 열정적으로 일을 해야 한다. 교역자가 본이 되지 못하면 교인들은 절대로 따라오지 않는다. 교인들이 존경할 수 있는 교역자가 되려면 전도대원에게 열심히 하라는 말을 하기 전에 몸소 보여주는 것이 중요하다.

김 집사님은 지금까지 14년을 쉬지 않고 매일같이 나와 함께 전도를 하고 있다. 처음 김 집사님을 만났을 때를 아직도 나는 잊을 수가 없다. 그 당시 김 집사님은 주부 모델로 활동하고 있었다. 얼굴이 얼마나 조막만하고 아름답던지…, 한눈에 봐도 소싯적에 남자들에게 꽤나 인기가 있었을 법한 모습이다. 하지만 아름다운 모습과는 대조적으로 성품은 도도하고 교만하기 짝이 없었다.

마침 김 집사님의 친구가 사는 아파트의 교구를 내가 맡고 있었다. 김 집사님은 한창 주부 모델로 주가를 올리고 있던 참이라 교회 일에는 별로 마음을 두지 않고 있었다. 마지못해 주일날 출석만 하는 모습을 보니 걱정이 되었는데, 언젠가 교회에서 김 집사님과 딱 마주쳤다.

"집사님, 주일날에만 잠깐 출석할 게 아니라 교회에 자주 나오셔서 전도대 일도 하시면 얼마나 좋아요? 평일에 제가 집사님 집에 심방을 가고 싶은데, 어느 때가 편하세요?"

집으로 돌아가려는 김 집사님을 붙잡고는 심방을 가겠다고 말씀드렸다.

"제가 요즘 활동하느라 바빠서요…. 어쩌지요? 다음에 시간될 때 그때 할게요. 제가 집에 일이 있어서 그만 인사드려야겠네요."

그 순간을 모면하고 싶어 하는 표정이 역력했다. 김 집사님은 나에게 급히 인사를 하고는 교회를 바삐 빠져나갔다. 참 신기한 것은 하나님이 그 사람을 사용하기 시작하는 순간 그 사람도 하나님의 종으로 거듭나기 시작한다는 것이다. 교만했던 사람도 한없이 자신을 낮추며 겸손하게 살아가기 시작한다.

하나님께서 김 집사님을 사용하기 시작하시자 김 집사님의 성품도 조금씩 달라졌다.

교회에서 김 집사님과 대면한 지 며칠이 지나지 않아서 김 집사님으로부터 연락이 왔다. 그렇게 심방을 거부하시던 분이 갑자기 내게 연락을 하다니, 분명 무슨 일이 생긴 것이 틀림없었다. 나는 김 집사님의 다급한 목소리에 걱정이 되어 집사님의 안부를 물었다. 그러자 집사님은 그날 있었던 일을 나에게 소상하게 털어놓았다.

사연은 이러했다. 어느 날 김 집사님이 과천 1단지에 있는 친구 집에 놀러 갔다. 친구 집에 도착하니 초등학교 5학년인 옆집 남자아이가 보였다. 친구 집에 있는 몇 시간 동안 그 아이는 병적으로 안절부절 못하며 한시도 가만히 있지를 못했다. 거실 끝에서 끝으로 이리 저리 왔다 갔다 하는 모습이 너무나 불안해 보였다. 김 집사님은 친구에게 저 아이는 누구이고, 왜 그러는지 연유를 물었다.

"앞집 아이야. 엄마만 없으면 저렇게 심하게 불안해하고 안정을 못 찾아. 아이의 엄마가 잠깐 볼일을 보러 간다고 나한테 아이를 맡겼는데 걱정이 돼서 아이에게 눈을 뗄 수가 있어야지 원….”

김 집사님은 그 아이를 보자 너무나 측은한 마음이 들었다. 누구에겐가 도움을 청해야겠다는 생각이 불현듯 들었고, 마침 그 아파트 교구 담당이 나인 줄 알았던 집사님은 급히 나에게 연락을 취하신 것이었다. 다행히도 그 아이 엄마는 우리 교회 교인이었다.

전화를 끊고 나서 곧장 그 아이네 집으로 심방을 갔다. 그 아이 엄마와 이야기를 나눠보니 아이의 심리적 불안감은 극에 달해 있었다. 맞벌이를 하던 부모님은 바쁜 나머지 아이에게 신경을 쓸 겨를이 없었는데, 아이에게 자폐증상이 있다는 것도 아이가 초등학교에 들어가서야 알게 되었다. 엄마는 아이를 돌보기 위해 회사도 그만두고 병원을 오가면서 지극 정성을 기울였다. 하지만 아이의 병을 알게 된 것이 너무 늦어서 이미 심각한 상태였다. 몇 년을 치료했지만 별 차도가 없자 엄마의 걱정은 이만저만이 아니었다.

심방 후에 그 아이를 위해서 40일 작정 기도를 하고 집을 매일같이 방문해서 기도했다. 그런데 놀라운 것은 하나님께서 치료의 손길을 뻗어주신 것이다. 엄마만 없으면 불안해서 어찌할 바를 몰라 하고 혼자서는 놀지도 못했던 아이가 점점 변화되어 갔다. 마음의 안정을 찾기 시작했던 것이다. 마음의 안정을 찾으면서 운동도 열심히 하고 정신적, 육체적으로 건강해져갔다. 몸과 마음이 건강을 회복하면서 성적도 쑥쑥 올라갔다.

이런 놀라운 은혜를 경험하면서 그 교만했던 김 집사님이 나의 동역자가 되었다. 영적으로 어려움을 겪는 사람들이 치유되는 모습을 보면서 김 집사님은 자신의 교만을 버리고 겸손하고 아름다운 사람으로 변화되어 갔다. 김 집사님의 변화하는 모습을 보면서 김 집사님의 평소 모습을 너무도 잘 알고 있던 교회의 다른 성도들도 하나님은 진정으로 살아 계신다고 소리 높여 이야기하곤 했다.

내가 먼저 바로서야 한다

"요즘 이상하게 달달한 청포도가 먹고 싶네, 그려."

"할머니, 청포도가 먹고 싶으세요? 제가 청포도 사다 드릴게요."

정 권사님이 섬기는 전도대상자인 할머니께서 청포도가 너무 먹고 싶다고 하셨다. 요즘 같이 세상이 좋을 때야 마트에만 달려가면 쉽게 청포도를 구할 수 있지만 그 당시에는 겨울에 청포도를 구한다는 것이 그리 간단한 일이 아니었다. 할머니께 청포도를 사다 드리겠다고 약속한 정 권사님은 청포도를 구하려고 인근 시장과 슈퍼를 모두 뒤지고 다녔지만 어디서도 파는 곳을 찾을 수가 없었다. 결국 집에서 한 시간 거리나 되는 압구정 현대백화점까지 가서야 겨우 청포도를 살 수 있었다.

과일 코너에 놓여 있는 연두빛깔 청포도는 한눈에 봐도 탐스러웠다. 하지만 가격이 너무나 비쌌다. 식구들이 하루 먹는 반찬값에 맞먹을 정도로 높은 가격이었다. '헉'소리 나는 가격에 놀랐지만 '섬기는 전도 대상자가 먹고 싶다는데 이런 투자쯤이야'라는 생각에 그 비싼 포도를 한 송이 사가지고는 기쁜 마음으로 돌아왔다. 집에 돌아오자마자 정 권사님은 사가지고 온 청포도를 랩에 씌워서 냉장고에 고이 보관해 놓았다.

얼마 후 학원에 갔던 아이가 집으로 돌아왔다. 배 고팠던 아이가 냉장고의 문을 열어보니 냉장고 선반 한 가운데 보기만 해도 군침이 도는 청포도가 덩그러니 놓여 있는 것이 아닌가! 포도를 발견한 아이의 얼굴이 환하게 빛났다.

"와! 이 포도 뭐에요? 먹어도 되는 거죠?"

순간 정 권사님은 사색이 되어서 아이에게 소리쳤다.

"그 포도는 엄마가 전도하는 할머니께 내일 갖다 드려야 해. 먹으면 절대 안 돼!"

아이는 포도를 바라보며 군침을 흘렸다. 엄마가 먹지 못하게 하니 먹을 수는 없지만 먹고 싶은 마음은 얼마나 아이를 힘들게 했겠는가! 그제야 정 권사님은 할머니께 드릴 포도 한 송이만 달랑 사가지고 온 것이 너무나 후회가 되었다. 하지만 너무나 비싸서 아이들에게는 사줄 엄두가 나지 않아서 다음에 사 주겠다고 대충 얼버무리고 말았다.

그 때 옆에서 이야기를 듣고 있던 정 권사님의 남편이 비아냥거리며 말했다.

"잘한다, 잘해! 엄마라는 사람이 자기 새끼는 한 번도 사준 적이 없는 비싼 포도를 전도 대상자에게는 갖다준다고?"

"여보, 미안해요. 내가 효민이 것까지 사가지고 온다는 게 그만 너무 비싸서…."

정 권사님은 그날 남편에게 미안해서 혼이 났다고 한다. 그런 정 권사님의 이야기를 듣고는 김 권사님은 자신의 간증을 들려주었다. 김 권사님의 이야기는 이랬다.

그날따라 남편이 일찍 퇴근하고 돌아와서 남편과 오붓하게 텔레비전을 보고 있었다. 그런데 '따르릉~ 따르릉~' 전화벨이 울렸다. 김 권사님이 수화기를 들었다. 전화를 건 사람은 다름 아닌 자신이 전도한 새 신자였다. 너무나 반가워서 새 신자와 안부 인사를 주고받았다. 평소 애교라고는 눈곱만큼도 없던 김 권사님은 남편과 함께 있을 때조차도 살가운 말 한마디를 건넨 적이 없었다. 그런 김 권사님이지만 전도를 하러 나갈 때는 너무나 온화하고 고운 말만 썼다. 더욱이 자신이 전도한 새 신자인 만큼 목소리를 한껏 가다듬고 부드럽고 상냥하게 통화를 마쳤다.

김 권사님은 수화기를 내려놓자마자 남편과 눈이 정면으로 마주쳤다. 멋쩍은 듯 웃는 김 권사님에게 남편은 콧방귀를 끼면서 이렇게 말했다.

"나한테도 좀 그렇게 나긋나긋하게 말해봐라. 이제껏 살아오면서 그런 모습 처음이다."

이 말을 들으니 얼마나 무안했던지 혼이 났다고 한다.

이 분들이 한결같이 하는 소리가 있다. 바로 하나님을 믿고 자신의 모습이 많이 달라졌다는 것이다. 예전에는 교회 성도나 전도 대상자들에게 상냥한 척 가장했다고 한다. 조금 더 친절하게, 조금 더 웃으면서 최대한 잘 보이려고 노력했다. 하지만 전도 대상자를 오래 섬기다보니 처음에는 의식적이었던 친절과 상냥함이 어느새 몸에 배어들었다. 그리고 전도 대상자에게 하는 섬김을 가족들에게도 실천해야 되겠다는 생각을 자연스럽게 하게 되더라는 고백을 한다. 그래서 지금은 진정으로 마음에서 우러나는 친절로 모든 이들을 섬기고 있다는 것이다.

김 권사님의 경우는 자신이 얼마나 교만한 사람이었는지를 전도하면서 깨닫게 되었다고 한다. 전도하러 나가면 얼마나 못되고 예의가 없는 사람들이 많은지, 그런 사람들의 모습을 보면서 하나님을 만나기 전에는 자신도 그런 모습이었다는 것을 자연스럽게 느꼈다는 것이다. 그래서 더욱 자신을 낮추게 되더라는 것이 그분의 고백이다.

"전도하면서부터 주변 사람들에게 자주 듣는 말이 제 모습이 많이 바뀌었다고들 합니다. 남편도 제가 많이 달라졌다고 신기해합니다. 전도 대상자들을 섬기다 보니 가족들에게도 더 잘해야 되겠다는 생각이 들어서 모두에게 잘하려고 항상 노력합니다. 이렇게 달라진 자신을 볼 때마다 저도 깜짝깜짝 놀라곤 해요."

이처럼 복음을 전하는 전도자는 교만하면 절대로 전도를 할 수 없다고 하나같이 입 모아 외친다. 왜냐하면 한 영혼을 구원하기 위해서는 자신이 갖고 있는 모든 것을 다 바쳐서 섬겨야 비로소 그들의 마음이 조금씩 열리고 하나님께 돌아서기 때문이다.

그렇다. 한 사람을 구원하려면 한 번 찾아가고, 두 번 찾아가고, 열 번을 찾아가야 한다. 어떤 때는 백 번, 어떤 때는 수년 동안 찾아가서 그들과 사귀고 좋은 관계를 유지해야 한다. 그들에게 좋은 모습으로 비치기 위해서는 허리를 굽혀 깍듯이 인사하고 항상 미소도 지어야 한다. 전도 대상자의 집을 방문할 때는 빈손이 아니라 그들의 필요를 채워줄 수 있는 물질이나 음식을 준비해서 가는 것은 기본 중의 기본이다.

그러다 보니 사역 가운데 가장 힘든 것이 바로 전도이다. 전도자는 항상 겸손해야 하고 인내해야 되며 희생하고 전도 대상자를 사랑해야 한다. 그럴 때 성령님이 우리 안에 역사하셔서 이 어려운 전도를 오롯이 해낼 수 있는 힘이 생기는 것이다.

사랑으로 뭉친 대원들

"전도사님, 얼굴이 반쪽이 되셨어요. 힘드시면 쉬어 가면서 하세요."

나는 가슴 한 구석이 뭉클했다.

'목회자는 이런 사랑을 받는구나!'

옆에 있던 권사님 한 분도 거들었다.

"나오기 싫어도 전도사님 얼굴이 떠올라서 그럴 수도 없어요."

중학교 영어교사를 하다가 퇴직하신 현 집사님도 옆에서 우스갯소리를 하신다.

"노동 착취도 이런 노동 착취가 없습니다."

그곳에 있던 전도대원 모두가 한바탕 웃었다. 너무도 고맙고 사랑스러운 이들이었다. 나는 밥을 먹다가 말고 사랑스러운 전도대원 한 사람 한 사람을 있는 힘껏 껴안았다.

전도대원들과의 신뢰가 점점 쌓이면서 전도는 탄력을 받았다. 전도가 끝나면 전도대원들이 함께 교회 식당에서 식사를 한다. 그 날도 전도대를 파송하고 심방을 다녀온 뒤 식사를 하러 갔다. 교회 식당에 들어서자 전도대원들이 때마침 전도를 마치고 하나 둘씩 돌아오고 있었다. 그들의 얼굴에는 전도로 인해 얻은 기쁨과 행복으로 웃음꽃이 활짝 피어 있었다. 이들은 나에게 얼마나 사랑스럽고 고마운 사람들인지 모른다.

현 집사님의 말씀은 지당한 말씀이다. 1년 열두 달 중 휴일을 빼놓고는 일주일 내내 교회에서 활동하다 보니 쉴 틈이 없다. 그렇다고 월급을 받고 하는 일도 아니다. 오히려 자신의 물질을 써가면서 해야 한다. 오로지 죽어가는 영혼을 살리기 위해서 자신의 생명을 내걸고 열심히 전도하는 것이다. 이 일은 하나님과 성령님께서 그들에게 역사하시기 때문에 가능한 일이다.

특히 너무 춥거나 더운 날씨에는 전도하기가 몇 배나 힘들고 어렵다. 하지만 우리 전도대는 살이 에이는 듯한 추위와 눈보라 치는 겨울에도 전도를 멈추지 않는다. 한 여름에 아무리 더워도, 장마철에 아무리 비가 많이 내려도 결코 쉬지 않는다. 전도대원들은 이런 어려움을 겪어도 복음을 전하는 일이야말로 가장 값지고 의미 있는 일이라고 말한다.

나는 과천교회에 부임하자마자 12년을 꼬박 전도와 양육에만 힘썼다. 주변에서 쉬어가면서 하라고 조언해도 내 귀에는 그런 소리가 들어오지 않았다. 함께 사역하던 목사님도 몸을 돌보지 않고 일하는 나를 항상 안타까워하셨다. 하지만 할 일이 너무도 많은데 쉬는 것은 전혀 생각할 수 없는 노릇이었다.

새벽 4시 30분에 교회로 출근해서 아침 9시까지 하루 4시간 이상을 성전에 앉아서 기도했다. 아침 식사는 먹을 시간이 없어서 거르기 일쑤였고, 10시가 되면 전도대에 말씀을 전하고 이어 새 신자 심방, 교구 심방을 마친 후 집으로 돌아오면 늦은 저녁 시간이었다. 몸이 너무도 지치고 힘들 때는 링거를 맞으면서 사역을 했다. 나를 기다리고 있을 성도들과 전도해야 할 생명들을 생각하면 잠시도 쉴 수가 없었다. 그렇게 사역을 시작하고 몇 년 동안은 휴가 한 번 가지 못하고 더운 여름에도 땀을 뻘뻘 흘리며 일했다. 그래도 그 일이 그렇게 재미있을 수가 없었다.

무척 덥던 어느 해 여름, 모처럼 휴가를 얻어서 기도원에 갔을 때의 일이다. 기도를 하다가 잠깐 쉬고 있을 무렵 전화벨이 울렸다. 전도대 대장님이셨다.

"무슨 일이세요?"

전도대 대장님께 내가 물었다.

"전도를 끝내고 나서 너무 더워서 빙수 한 그릇 시켜서 둘이 먹고 있어요."

"왜 두 그릇 시켜서 먹지 않고요?"

"우리가 돈을 아껴야 전도 대상자들에게 펑펑 쓸게 아닙니까? 하하하…."

그 말을 듣고 나는 마음이 짠했다. 그러고는 나에게 이렇게 말했다.

"휴가 중인데 푹 쉬시지 않고 전화기는 왜 켜 놓고 계세요? 교회 걱정 때문에 전화기 켜놓고 계실까봐 제가 전화 드린 거예요. 역시나…, 내가 이럴 줄 알았다니까."

그 순간 눈에 눈물이 핑 돌았다. 이렇게 더운 날씨에 우리 전도대원들이 힘들게 전도하고 있을 모습이 떠올라서 도저히 그곳에 있을 수가 없었다. 전화를 끊고는 곧바로 기도원에서 내려왔다.

나는 우리 전도대원들을 사랑한다. 그것도 아주 많이 사랑한다. 그들의 행복이 곧 나의 행복이다. 전도대원들이 정성을 쏟아 한 영혼을 전도해서 돌아오는 모습에 나는 항상 하나님께 감사드렸다. 나는 전도대원들과 항상 함께 했다. 밤에도 낮에도, 그리고 아무리 먼 곳이라도 함께 했다. 전도대원들과 함께 하는 시간은 몸은 힘들어도 마음은 얼마나 행복했는지 모른다.

매서운 한파가 불어 닥친 어느 겨울날이었다. 오 집사님이 전도를 마치고 어찌나 급하게 교회로 뛰어 들어오던지…, 무슨 일이 생긴 것은 아닌지 걱정이 되었다.

"전도사님, 아직도 심장이 벌렁거리네요. 어떤 남자가 저에게 얼마나 무섭게 욕을 퍼붓는지…. 겁나서 부리나케 도망쳐 오는 길이에요."

그 말을 듣자 오 집사님이 너무 안쓰러웠다. 나는 두 팔로 있는 힘껏 집사님을 안아주며 귀에 대고 속삭였다.

"오늘도 하늘나라에 있는 집사님의 집에 엄청나게 높은 서까래가 올라가겠네요."

내색은 안했지만 속으로는 마음이 너무 아팠다. 우리 전도대원 모두가 눈물겹도록 사랑하는 지체들이다. 서로를 위해서 기도해주고 격려해주는 이들도 우리 전도대원들이다. 140명 전원이 사랑이라는 끈 하나로 엮여서 행복한 공동체를 이루어가고 있다. 나는 매일 설교를 하면서 전도대원들에게 힘을 받는다. 또한 나로 인해서 힘을 얻고 소망을 갖도록 날마다 애쓰고 있다. 12년 동안이나 계속되는 전도 속에서 많은 열매를 맺었다. 그 열매 가운데 전도대원들은 전도의 참 의미와 가치를 깨달으면서 깊은 영적 은혜를 체험하고 있다. 사랑으로 이어진 공동체 덕분에 더 깊은 신앙적 성장을 이뤄가는 것을 나는 지켜보았다.

하나가 되는 힘

전도대에 있어서 수련회는 중요한 행사다. 수련회를 통해서 서로 섬기고 사랑하는 마음이 싹트기 때문이다. 2년에 한 번씩 성지순례도 다녀온다. 전도 대원들에게 사명감을 고취시키는 데에는 주님과 사도들의 발자취를 따라가는 성지순례만큼 좋은 것이 없다. 같이 방을 쓰고, 같이 차를 타고 몇 날 며칠을 함께 여행하는 가운데 서로를 배려하는 마음도 배운다. 서로를 아끼고 더욱 사랑하는 관계가 형성된다.

2003년 2월, 나는 전도대원 30여 명과 성지순례를 떠났다. 이집트와 이스라엘, 로마를 거치는 여정이었다. 성지순례를 통해서 가슴 벅찬 경험과 훈련을 받게 되었다. 인천공항을 출발해서 두바이를 경유한 우리는 16시간 만에 카이로에 도착했다.

사막이 시작되는 그 곳에는 거대한 피라미드와 스핑크스가 4,000년의 무상함을 그대로 드러내고 있었다. 그 당시 파라오는 왕위에 오른 동시에 요셉과 같은 인물에게 모든 정치를 맡기고 오직 편안한 안식을 위한 무덤을 만드는 데 일생을 바쳤다. 많은 사람들이 공사하는 중에 죽고 다쳤다. 그뿐만 아니라 카이로 시내에서는 사람이 사는 마을과 공동묘지가 함께 공존하는 진풍경을 볼 수 있었다. 이집트에서는 집보다 무덤이 더 화려했다. 파라오가 그랬듯이 이집트 사람들 또한 자신이 사는 집보다 죽어서 묻힐 무덤에 더 많은 비용을 썼다.

그 모습을 본 우리 일행은 영원히 살 집은 이 땅에 있는 것이 아니라 천국에 있다는 사실을 모르는 불쌍한 영혼들이 너무나 안타까워서 그들을 위해 기도했다. 그리고 전도대원들은 이런 사람들을 위해서라도 좀 더 열심히 복음을 전해야겠다고 다짐했다.

이집트에서 출발해서 시내산을 향해 광야 길을 가는 도중에 야자수처럼 생긴 큰 나무가 빽빽이 들어서 있는 마을을 발견했다. 과거 이스라엘 백성이 광야에 물이 없다고 하나님과 모세를 원망했던 바로 그 땅이었다. 하나님은 모세의 기도를 들으시고 물을 내려주셨다. 그래서 그 땅에는 지금도 물이 풍족해서 나무가 무럭무럭 자라고 있었다. 하나님이 주시는 복은 온전하다는 사실을 다시 한 번 깨닫게 하는 마을이었다.

아론과 훌이 모세를 도와서 기도했던 언덕에도 올라가 보았다. 전도대원들 모두가 두 손을 높이 들고 얼마나 부르짖으며 기도를 했는지 모른다. 여호와 닛시의 하나님을 찬양하며 우리 전도대원들도 승리의 깃발을 날릴 것을 다짐하는 시간들이었다.

다음 날 새벽 1시, 숙소에서 출발해서 시내산에 올랐다. 한 시간 넘게 낙타를 타고 산을 오르는데, 무수히 많은 별들이 하늘에 총총했다. 이 세상의 것이 아닌 듯한 아름다운 광경에 감탄이 절로 나왔다. '하나님께서 저 별들을 보고 아브라함에게 약속하셨구나' 하는 생각이 들자 나도 모르게 감동의 눈물이 흘러내렸다. 세상의 모든 별들이 그 곳에 있는 듯했다.

마침내 낙타에서 내려 2,285미터 높이의 산 정상에 올랐을 때의 벅찬 감동이란 뭐라 표현할 길이 없었다. 우리는 잠시 동안 아무 말도 하지 못했다. 나는 산상에서 기도회를 인도하면서 '모세의 심장'

이란 제목을 가지고 전도대원들에게 말씀을 전했다. 전도대원 모두가 하나가 되어 눈물을 뿌려가며 기도하던 귀중한 시간을 결코 잊을 수 없다.

이어 우리는 차를 타고 돌과 모래뿐인 광야를 한참이나 달렸다. 국경도시 타바를 통과해서 이스라엘에 들어서는 순간, 메마른 광야의 모습은 온데간데없고 푸르른 나무가 무성하고 아름다운 꽃들이 만발하고 있었다. 그곳이 젖과 꿀이 흐르는 가나안 땅이라는 것을 실감했다.

가나안에서는 가는 길목마다 예수님의 발자취를 볼 수 있었다. 나사렛에 있는 마리아 수태고지 교회를 방문한 경험은 지금도 잊을 수가 없다. 제단 앞의 벽화를 보니, 하나님의 보좌 우편에 예수님 대신 마리아가 앉아 있었다. 그런데 우리를 더욱 놀랍게 만든 것은 하나님의 보좌 위에는 사람의 한쪽 눈만 그려져 있다는 사실이었다. 그것이 상징하는 것은 인간의 선행으로 오메가 포인트에 이르러야 한다는 것이었다. 하지만 구원은 인간의 착한 행위로 얻는 것이 아니다. 구원은 오직 믿음으로 말미암는 것이다. 잘못된 진리를 믿는 사람들의 모습을 보면서 우리는 마음이 아팠다. 우리 전도대원들은 바른 진리만이 세상에 전파될 수 있도록 자신을 사용해달라고 하나님께 기도했다.

마리아 수태고지 교회를 뒤로 하고 우리는 골고다 언덕으로 향했다. 슬픔의 길인 비아돌로로사를 따라 예수님이 십자가를 지고 가신 그 길을 한 걸음, 한 걸음 따라 밟으며 올랐다. 그 곳에는 주님이 승천하신 교회가 있었다. 예배와 기도를 드리는 가운데 예수님이 우리의 죄를 대신해 십자가를 지실 때의 그 아픔이 그대로 느껴져 가슴이 저렸다. 우리는 마음이 사무쳐서 그곳에서 가슴을 치며 통곡했다.

우리는 이스라엘을 다 돌고 이탈리아 로마에 있는 바티칸시티로 향했다. 그곳에서 성 베드로 대성당을 방문했다. 1500년부터 120년 동안 지어진 베드로 성당은 순금이 190톤이나 들어간 당대 최고의 예술품이었다. 우리는 대성당의 화려함과 웅장함에 압도되어 입을 다물 수가 없었다. 성당 지하에는 베드로의 무덤이 있었는데 그 곳은 내려가 볼 수 없어서 아쉬움이 남았다.

성당 안에는 130여구에 이르는 교황의 유해가 훌륭한 조각품과 함께 석관이나 미이라가 되어 유리관 속에 안치되어 있었다. 하나님의 거룩한 성전이어야 할 곳이 교황의 유해를 안치하는 장소로 쓰이고 있다는 사실에 안타까움을 금할 수가 없었다.

그리고 마지막으로 로마의 박해를 피해 숨어들었던 지하교회 카타콤과 바울의 참수터를 둘러보았다. 신앙을 지키기 위해 죽음의 고난도 감수했던 그분들의 자취를 돌아보면서 우리의 모습이 너무나 초라하고 작아보였다. 오랜 세월의 공백을 초월하는 신앙의 열정 앞에서 우리의 가슴은 뜨거워졌고 다시 한 번 하나님께 충성을 다하기로 다짐했다.

성지순례를 하면서 뜨거운 눈물을 흘리고 열정적으로 기도했던 순간들을 지금도 잊을 수 없다. 성지순례를 마치고 돌아온 전도대원들 역시 이전의 모습은 아니었다. 성령의 충만함으로 눈빛은 반짝거렸고, 가슴은 뜨거웠다. 순례 기간이 오랜 시간은 아니었지만 중요한 것은 시간이 아니었다. 우리는 그 여정 속에서 신앙의 본질을 보았다. 그래서 다음날부터 다시 시작된 전도활동은 그 어느 때보다 힘있고 뜨거웠다.

그리고 2년 뒤, 우리 전도대원 30여 명은 바울의 발자취를 따라 터키에 있는 소아시아 일곱 교회를 돌아봤다. 가이드의 말에 의하면, 그곳은 바울의 복음 전파로 과거에는 기독교인들이 많았지만 지금은 주민의 98퍼센트가 이슬람교도가 되었다는 말에 얼마나 마음이 아팠는지 모른다.

가이드는 우리를 작은 그리스 정교회로 안내했다. 벨을 누르자 수녀 한 사람이 신원을 확인하고 문을 열어주었다. 성전 안에 들어가 보니 나이든 수녀 두 사람이 성전을 지키고 있었다. 그 수녀들은 주변의 박해가 너무 심해서 함부로 문을 열어 줄 수 없다고 말했다. 하지만 가끔 소수의 이슬람교도들이 성전을 찾아와 전도지를 가지고 가는 모습을 볼 때는 정말 보람을 느낀다고 설명했다. 그리고 힘을 얻어 전심을 다해 성전을 지키고 있다고 말했다. 생명을 걸고 복음을 전하는 수녀들의 모습에 우리 팀은 얼마나 울었는지 모른다.

에베소 교회를 뒤로 하고 밧모섬을 거쳐 그리스로 갔다. 아레오

바고에 올라가니 많은 사람들이 그곳에서 이야기를 나누고 있었다. 그곳에 서서 보니 파르테논 신전이 시야에 들어왔다. 그 안에는 3만이나 되는 신을 모아 놓았다. 바울은 우상을 섬기는 그리스 사람들을 향해 담대하게 복음을 전했던 것이다. 지금도 가는 곳마다 우상들로 가득한 도시임을 한눈에 알 수 있었다. 그럼에도 불구하고 바울이 우상을 섬기는 백성들을 향해 담대하게 복음을 전할 수 있었던 것은 하나님이 주시는 능력이 아니고는 할 수 없는 일이라는 사실을 다시 한 번 깨달았다.

그렇다. 주의 일은 재미있어야 한다. 주의 일을 즐겁게 하려면 성령이 충만해야 한다. 성지순례가 바로 그런 기회가 되어 주었던 것이다. 한 명의 전도 대상자를 위해 전도대원들은 길게는 십여 년 이상을 노력한다. 그렇게 오랜 시간이 아니더라도 적어도 1~2년 정도는 보살피고 관리하며 그들의 필요를 채워주고 사랑을 바쳐야만 영혼을 구원할 수 있다. 이것은 아무나 할 수 있는 일이 아니다. 즐거운 마음으로 기꺼이 할 수 있어야 한다. 그러기 위해서는 전도대원 모두가 한마음 한뜻이 되어야 한다. 성령의 충만함을 받고 모두가 하나로 똘똘 뭉쳐질 때 비로소 전도의 어려움을 극복할 수 있다. 그렇게 열심히 전도할 때 얻는 기쁨은 다른 어떤 곳에서도 맛볼 수 없다.

chapter *03*
생명까지 바치는 사랑

사람이 친구를 위하여 자기 목숨을 버리면
이보다 더 큰 사랑이 없나니 요 15:13

죽음의 문턱에서

　2006년 어느 날이었다. 그날따라 몸 상태가 좋지 않았다. 나는 새벽 예배 시간에 목사님의 설교를 열심히 듣고 있었는데 갑자기 속이 매스껍고 어지러워져서 목사님의 얼굴을 똑바로 쳐다볼 수가 없었다. 그런데도 바보같이 나는 청심환 하나를 먹고 서울대학병원으로 향했다. 내가 맡고 있는 교구의 할머니가 돌아가셔서 임종 예배를 드리기 위해서였다.
　서울대학병원에 도착하니 성당 식구들이 와서 그 할머니를 위해 기도하고 있었다. 할머니는 교회를 다니셨지만 딸이 성당에 나가고 있었다. 할머니는 당신이 죽으면 교회장으로 치러달라고 생전에 유언으로 말씀하셨다. 나는 고인의 유지를 받들기 위해서 그분의 마지막 가시는 길을 교회장으로 치르겠다고 딸에게 말했다. 그러자 딸은 나에게 반감을 드러냈다. 그래서 힘은 들지만 내가 직접 염을 해드리겠다고 하니 그제야 마음을 누그러뜨리는 표정이었다.

다른 교회 권사님들과 입관실에 들어가서 염을 하기 시작했다. 우리가 정성들여 염하는 모습을 본 자식들의 얼굴에서는 점점 슬픔이 사라졌다. 얼마간의 시간이 흐르고 마침내 염이 끝나자 나를 대하는 딸의 태도가 확연히 달라졌다. 그런 딸의 변화를 보는 내 마음 밑바닥에서 뿌듯한 뭔가가 솟구쳐 올랐다. 비록 아픈 몸을 이끌고 염을 하러 갔지만 집에 돌아올 때는 한결 가벼워진 마음으로 돌아올 수 있었다.

집으로 돌아온 나는 방에 들어서자마자 휘청하고 쓰러질 뻔 했다. 너무 어지러워서 제대로 서 있을 수가 없었다. 벽에 의지해 간신히 침대까지 간 다음 옷도 갈아입지 못한 채 침대에 쓰러졌다. 누워서 안방 천장을 바라보니 네모난 천장이 빙글빙글 돌아갔다. 도저히 눈을 뜰 수가 없었다. 더 이상 견디기가 힘들어서 겨우 수화기를 들고 간신히 119의 숫자를 눌렀다.

"삐뽀~ 삐뽀~"

얼마 지나지 않아 구급차가 도착했다. 나는 병원 응급실로 옮겨졌다. 간호사가 내 팔에 바늘을 꽂았다. 링거를 맞으니 상태가 조금은 호전된 것 같았다.

"며칠 더 안정을 취하셔야 합니다. 절대 안정이 필요하니 병원에 입원 하시는 게 좋을 것 같네요."

의사는 내 차트를 바라보며 걱정스런 눈빛으로 말했다. 하지만 나는 마음 놓고 쉴 수가 없었다.

"선생님, 내가 내일 할 일이 있어서 쉴 수가 없어요. 어쩌죠? 통원치료를 해야 할 것 같아요."

의사는 환자의 뜻이 그러니 어쩔 수 없는지 더는 말을 하지 않았지만 거듭해서 쉬어야 한다는 사실을 강조했다. 나는 링거를 맞자마자 서둘러 집으로 돌아왔다.

다음 날이었다. 할머니의 발인 예배를 드리기 위해 서울대 분당병원으로 가야 했다. 새벽 일찍 분당으로 향하는데 몸이 말을 듣지 않았다. 할 수 없이 입관 발인예배는 다른 목사님께 부탁을 드리고 나는 예배에 참석하는 것으로 만족해야 했다. 예배가 끝나니 몸이 조금 호전된 듯했다. 그래서 '곧 낫겠거니' 생각하며 대수롭지 않게 여겼다.

나는 발인 예배를 마치자마자 장지로 향하기 위해 버스에 올라탔다. 장지는 전라남도 장성이었다. 장성에서 하관예배를 마치고 서울로 올라오는데 다시 몸이 이상했다. 더럭 겁이 난 나는 쓰러지지 않기 위해 또다시 청심환을 한 알 삼켰다.

집에 돌아와서는 겨우 몇 시간 정도 휴식을 취한 다음 다시 교회로 향했다. 새벽 기도를 드리고 전도대에 가서 설교를 했다. 교역자실로 돌아온 나는 다시 몸의 이상을 감지했다. 몸에 힘이 전혀 없었고 속이 매스껍고 머리가 깨질 듯 아파왔다. 도저히 더는 견딜 수 없는 상황이 되자 사무실 직원에게 전도대 대장님을 불러달라고 부탁했다.

"권사님, 바늘로 손 좀 따주실래요? 어지럽고 속이 매스꺼운 것이 아마도 체했나 봐요."

대장님은 급히 바늘을 가져다가 실로 손을 묶고는 능숙하게 엄지손가락을 땄다.

"어떡해요? 피가 한 방울도 안 나와요. 아까 최 권사님을 봤는데 제가 모셔 올게요."

손에서 피가 한 방울도 나오지 않자 대장님은 당황한 기색이 역력했다. 급히 최 권사님을 모시러 달려간 대장님은 잠시 후 권사님과 함께 허겁지겁 뛰어 오셨다. 평소 침을 잘 놓기로 유명한 최 권사님은 교인들이 체할 때마다 침을 놔주곤 하셨다. 최 권사님이 가지고 있던 가방에서 침을 꺼내셨다. 권사님은 바느질하는 실로 내 손가락을 꼭꼭 동여맨 후 조금도 망설임 없이 약지에 침을 꽂으셨다.

"……."

"목사님, 그런데 피가 안 나와요. 큰일 났어요. 큰 대바늘로 코를 찔러야 될 것 같아요. 아파도 좀 참으세요."

권사님은 커다란 대침으로 양쪽 코를 차례로 찔렀다. 대침으로 코를 찔러서야 피가 나오기 시작했다. 새카맣게 죽은 피가 줄줄 흘러내렸다. 그러자 정말 거짓말처럼 꽉 막힌 듯했던 가슴이 뻥 뚫리면서 어지럽던 머리가 괜찮아졌다.

'아, 이제야 살았구나!'

절로 한숨이 나오면서 비로소 마음에 안정이 찾아왔다. 최 권사님은 이어 내 손목을 잡고 맥을 짚기 시작했다.

"목사님. 맥이 안 잡힙니다. 어떻게 이렇게 몸을 혹사하셨습니까? 응급처치는 된 것 같으니 빨리 병원으로 가보세요."

"아닙니다. 집에서 좀 쉬면서 자고나면 괜찮아 질 것 같아요. 죄송하지만 집으로 데려다 주시겠습니까?"

나는 동료 목사님과 대장 권사님께 집으로 데려다 줄 것을 간곡히 부탁했다. 집에 도착하자마자 서둘러 권사님을 집으로 돌려보내고 침대에 누웠다. 그렇게 기절하듯 깜빡 잠이 들었다가 눈을 떴는데 갑자기 몸이 말을 듣지 않았다. 꼼짝도 할 수가 없었다. 몸에는 기운이 하나도 없어서 손가락 하나 까딱할 수가 없었다. '이제 곧 죽는구나' 하는 생각이 계속해서 떠나질 않았다.

회사를 마치고 집으로 돌아온 남편은 나를 보더니 놀라서 소리쳤다.

"몸이 왜 이런 거야? 빨리 병원에 가야 하니까 옷 입어."

남편은 나를 부축하고서 급히 인근 대학병원 응급실로 향했다. 입원 수속을 밟은 후 병원에서 온갖 검사를 하기 시작했다. 몇 시간에 걸쳐 검사가 이루어진 끝에 결과가 나왔다. 그런데 어처구니없게도 의사는 아무런 이상이 없다는 소견이었다.

그런데도 나는 어지러워서 일어설 수도, 숟가락 하나 들 수도 없을 정도로 힘이 없었다. 보름 동안 입원해 있으면서 계속해서 링거만 맞았다. 병명을 알아내기 위해 검사란 검사는 모조리 다 했지만 결국 아무런 이상도 발견하지 못했다는 의사의 말에 나는 점점 지쳐갔다. 결국 어떤 병인지도 알지 못한 채 아픈 몸을 이끌고 퇴원해야 했다.

주께로 갑니다

몸의 상태는 호전될 기미를 보이지 않았다. 언제부터인가 비정상적으로 허기가 지기 시작했다. 하루에 밥을 일곱여덟 번, 아니 그 이상을 먹어도 돌아서면 배가 고파서 어찌할 바를 몰랐다. 한 번 허기가 지면 그야말로 정신이 없었다. 나는 미친 사람처럼 먹었다. 음식물을 한참 우물우물 집어 삼키면 몸이 조금 나아진 듯했다. 내 몸은 살기 위해 본능적으로 발버둥을 치는 듯했다.

그런데 이런 몸의 반응과는 반대로 입 안에서는 모든 음식물을 거부했다. 물 한 모금을 넘기기가 힘들었다. 밥 한 숟술을 입에 넣고 몇 분 동안 씹어서 간신히 삼켰다. 밥 한 숟가락 먹은 후에는 소화가 안 되어서 사이다 한 병을 들이키고, 또 들이키기를 반복했다. 밥

한 공기를 먹으려면 한 두 시간이 꼬박 걸렸다. 옆에서 밥을 먹여주던 언니가 나의 이런 모습을 보면서 안쓰러워서 나를 잡고 몇 번을 울고, 또 울었다.

어느 새벽이었다. 또 허기가 져서 정신을 차릴 수가 없었다.

"여보, 나 배고파요. 밥 좀 차려줘요."

나는 간절히 남편에게 부탁했다. 남편이 밥을 갖고 오자 미친 사람처럼 입속으로 음식물을 우걱우걱 집어넣었다. 그런 내 모습을 보던 남편은 나를 잡고 통곡하기 시작했다.

"하나님, 제 아내를 살려 주세요. 인아가 너무 불쌍해요."

남편은 몸부림을 치면서 하나님을 향해 소리쳤다.

점점 악화되는 나의 몸 상태를 본 남편은 다시 대학병원에 입원을 권했다. 입원 후에 나는 이런 모습을 아무에게도 보여주고 싶지 않았다. 그래서 교회에 있는 어느 누구의 병문안조차 허락하지 않았다. 나는 하루하루 죽음을 준비하고 있었다.

'하나님, 저는 이대로 천국에 갔으면 좋겠습니다. 그러나 하나님의 영광을 가리지는 않게 해주십시오.'

그런데 쓰러지기 직전에 극동방송 주최로 영덕, 울산, 경주 연합집회가 예정되어 있었다. 교회 집회도 여러 곳 잡혀 있었다. 내가 쓰러지자 스케줄은 모두 취소되었다. 그렇게 몸이 아픈데도 스케줄에 신경을 쓰다니, 내가 생각해도 그때 나는 누구도 못 말릴 정도로 사역에 열심이었다. 큰 집회를 모두 취소하게 되자 하나님을 전하지 못한다는 생각에 상심이 컸다. 무엇보다도 마음에 걸렸던 것은 전도대원들이었다. 아픈 나로 인해 전도대원들이 마음을 쓰다가 전도에 지장을 초래할까봐 걱정이 되었다.

나는 다시 병원에 보름을 입원했다. 하지만 지난번과 마찬가지로 검사 결과로는 아무 이상도 없었다. 담당 주치의는 정신과에 가 보는 것이 어떻겠냐고 권했다. 결국 병명을 알지 못한 채 다시 집으로 힘겨운 발걸음을 돌렸다.

집에 오자 나는 내 의지로 일어서야겠다는 생각에 열심히 먹고 운동했다. 그렇게 건강해지려고 노력하다보니 조금씩 몸이 호전되기 시작했다. 몸의 상태가 좋아지자 다시 교회에 나가기 시작했다. 전도대원들과 함께 전도를 하면서 활동을 하니 몸의 회복 속도가 빨라졌다.

교회에서는 내 몸의 상태를 고려해서 교회 가까운 곳에 사택을 마련해 주었다. 몸이 점차 나아지자 더욱더 열심히 교회 사역에 집중하기로 마음을 먹었다. 하지만 얼마 지나지 않아 몸이 다시 쇠약해지기 시작했다. 처음 쓰러졌을 때보다 상태가 몇 배는 더 심각해졌다. 온 몸의 힘이 빠져나가 혼자 힘으로는 아무것도 할 수가 없었다.

이제는 도저히 가망이 없다는 생각이 들었다. 교회에서 사택까지 제공해 주셨는데, 몸이 이래서 아무 일도 못하고 교회에 폐만 끼친다는 사실이 나를 괴롭혔다. 하나님의 영광을 가리고 죽을 수도 있다는 사실이 죽음보다 더욱 나의 마음을 괴롭게 만들었다.

몸은 갈수록 악화되어 갔다. 혼자서는 아무것도 할 수 없었다. 한 걸음도 제대로 걸을 수 없었고 눈을 뜰 수조차 없었다. 눈꺼풀이 얼마나 무거운지 밥을 몇 시간에 걸쳐 먹을 때조차 눈을 감고 있었다. 동공이 풀어지고 초점이 흐려져 사물을 제대로 분간할 수 없었다. 자포자기 심정으로 서울에서 제일 좋다는 병원을 찾아갔지만 나를 받아줄 곳은 없었다. 너무 괴로워서 삶을 포기하고 싶었다. 정말 가망이 없다는 사실이 피부로 느껴졌다. 나는 죽음을 준비하기 시작했다. 내 삶의 작은 부분부터 정리해 나가기 시작했다.

그러던 어느 날, 아픈 나를 간호하기 위해 언니가 집으로 찾아왔다. 내가 아프면 병수발은 항상 언니 몫이었다. 내 마음을 가장 잘 알고 있던 언니에게 내 심정을 이야기하기 시작했다.

"언니, 나 이제 천국으로 가고 싶어. 교만한 생각에서 하는 말이 아니라 지금 당장 천국에 가도 아무런 후회나 회한은 없어. 나 정말 최선을 다해서 하나님을 섬기며 살았으니까."

하지만 가장 마음에 걸리는 것은 남편과 두 딸이었다.

"언니, 그런데 우리 선영이 아빠를 어떻게 하지? 우리 선영이, 은영이에게 아무것도 못해줬는데…. 나 때문에 항상 희생만 했는데 미안해서 어떻게 해…."

나는 그렇게 언니를 붙잡고 한참을 울먹였다. 9년 동안 계속한 아침 금식과 새벽부터 저녁까지 쉴 틈 없이 전도와 심방과 신학 공부에만 매달렸던 것이 조금씩 후회되기 시작했다. 다른 목사님들이 운동하러 갈 때도 나는 심방이 우선이었다. 다른 목사님이 쉬라고 할 때도 하나님의 일을 하는 것이 너무도 신나고 즐거워서 잠시도 쉴 수가 없었다. 어떨 때는 심방을 하느라 아침과 점심을 거를 때도 많았다. 그런 생각을 하니 너무 혹독하게 자신을 내몰았다는 자괴감과 내 자신에 대해 너무도 미안했다. 나는 자신에게 사과하기 시작했다.

"인아야 미안해…. 인아야 미안해…."

날이 갈수록 내 몸 상태는 더욱 악화되어 갔다. 막내딸 은영이는 내 다리를 주물러 주며 병간호를 하고 있었다. 나는 은영이에게 다짐을 받고 싶은 게 있었다. 그래서 은영이에게 말을 건넸다.

"은영아, 만약 엄마가 먼저 천국에 가면 아빠가 좋은 여자 만나서 살도록 도와줘. 그동안 바쁘다는 핑계로 너희 아빠에게 따뜻한 밥 한 끼 제대로 해드린 적이 없어. 아빠가 엄마 때문에 너무 외로우셨을 거야."

은영이는 그 말을 듣자마자 너무나 서럽게 울었다. 한동안 통곡하던 은영이는 너무 울어서 꽉 잠긴 목소리로 나에게 물었다.

"엄마는 아빠가 다른 여자와 살아도 괜찮아요?"

"응, 괜찮아. 엄마는 정말 아빠가 좋은 여자 만나서 행복하게 사셨으면 해."

은영이는 입을 꽉 다문 채 아무 말도 없었다. 나는 부탁 하나를 덧붙였다.

"혹시 엄마가 이렇게 아프다가 갑자기 혼수상태에 빠지면 절대로 병원에 옮겨서 산소호흡기 같은 거 사용하지 말아줘. 그냥 평안하게 천국가게 해줘. 엄마 소원이야."

그 말을 듣고 슬피 울면서 은영이는 나에게 이렇게 말했다.

"엄마, 엄마는 내가 지금 엄마 같은 상태라면 병원에 안 데리고 가실 거예요?"

흐느끼는 딸의 울음소리가 나의 가슴을 찢어 놓았다.

죽어가고 있는 내 모습이 너무 초라해서 거울 보는 것조차 피했다. 가족이 옆에 있었지만 죽음 앞에서 나는 철저히 혼자였다. 너무도 외로웠다. 성도들이 힘들고 아플 때는 시도 때도 없이 찾아가서 그들을 위로하고 기도하고 함께 했지만 막상 내가 이런 모습이 되고 보니 내 옆에는 아무도 보이지 않았다. 몸이 아파서가 아니라 너무도 외로워서 울고 또 울었다. 그때 주님께서 내 옆에 찾아 오셨다.

"인아야, 너는 혼자가 아니란다. 내가 있잖아!"

하나님은 위로하며 나를 안아주셨다. 집안에서조차 한 발자국도 걸을 수 없는 나를, 밥 한 공기를 두어 시간에 걸쳐 힘겹게 삼키는 나를, 허기가 져서 미친 사람처럼 음식을 먹어 치우는 나를, 얼굴에 마비가 와서 굳어 버린 나를, 동공이 풀어져서 초점조차 흐려진 나를…. 나는 그 모든 것을 이제 주님 앞에 내려놓고 싶었다. 어쩌면 내일 아침 눈을 뜨면 주님 품 안에 있을 수도 있겠다는 사실에 안도의 한숨을 내쉬고 눈을 감았다.

"주님, 이제 저를 안아 주세요…."

기도하면서 나도 모르게 잠이 들었나 보다. 새벽에 눈을 떠보니 집 안이었다. 잠시 정신이 들었던 나는 누운 채로 기도하다 다시 잠이 들었다. 그런데 꿈속에서 하나님께서 내게 다가오시더니 음성을 들려주셨다.

"이제 병원에 가서 주사 5번만 맞아라. 그러면 나을 것이다."

나는 깜짝 놀라서 잠에서 깨어났다. 꿈이었다. 그동안 사람들이 좋다는 병원을 많이 찾아다녔지만 아무런 소용이 없었다. 그래서 이제는 누가 '어느 병원이 좋더라'는 얘기를 들려줘도 신경 쓰지 않았다. 하지만 그 꿈을 꾼 다음에는 도대체 어느 병원을 가라는 것인지 궁금해지기 시작했다.

언니가 간호를 하기 위해 우리 집에 왔다. 나는 언니가 신발을 벗자마자 어제 꾼 꿈 얘기를 들려주었다. 그 이야기를 들은 언니는 깜짝 놀라면서 말했다.

"사실은 내가 병원 하나를 알아놨는데 네가 안 갈까봐 말을 못 했어."

언니는 구겨진 종이 한 장을 내 앞에 내려놓았다. 종이 위에는 전화번호가 큼지막하게 적혀 있었다.

나는 그 병원을 찾아갔다. 병원에서 진찰을 받으며 의사에게 상태를 말했더니 놀랍게도 의사가 병명을 말했다. 내 병의 정체는 만성피로증후군이었다. 의사는 사람이 오래도록 만성피로증후군을 앓으면 면역력이 약화돼서 몸이 쇠약해진다고 말했다. 그리고 그 상태가 지속되면 결국 쓰러져서 죽는다고 말했다. 몸을 돌보지 않고 지속적으로 무리를 하다보면 결국에는 건강이 회복되지 못할 정도로 망가진다고 설명했다. 병명을 알게 된 것만으로도 나는 살 것 같았다. 그때부터 그 병원에서 치료를 받으며 점점 건강을 회복해 갔다.

몸의 상태가 좋아지자 나는 다시 교회에 출근해서 전도대 일을 시작했다. 다시 예전의 내 모습을 되찾고 열심히 설교도 하고 사역도 했다. 죽음의 문턱에서 일어나면서 하나님의 일을 더욱 열정적으로 했다. 매주 병원에서 치료를 받았지만 몸이 피곤하거나 아프다고 해서 사역을 쉬거나 소홀히 할 수가 없었다. 한 영혼을 주님께로 인도하고 그 영혼을 하나님의 자녀로 키우는 것이 너무나 소중했기 때문이다.

하지만 이번 기회를 통해 참으로 귀한 것을 깨달았다. 과거에는 오랫동안 고통스럽게 누워 있는 사람들을 보았을 때 그것이 얼마나 힘든 일이고 어려운 일인지 그 사람의 고통을 느끼지 못했다. 하지만 내가 그런 과정을 거치면서 비로소 그들의 외로움의 깊이와 고통의 크기를 가늠할 수 있었다.

chapter *04*

채우시는 하나님

나의 하나님이 그리스도 예수 안에서 영광 가운데 그 풍성한 대로
너희 모든 쓸 것을 채우시리라 빌 4:19

나의 사랑, 동역자 남편

　성가대, 여전도회, 한글학교교사, 구역장, 전도대…. 노량진교회를 섬길 때 나는 몸이 열 개라도 모자랄 지경이었다. 모두 12개의 교회 활동에 참여하고 있었으니 내가 관여하지 않는 교회 활동이라곤 없을 정도였다. 그렇게 열정적으로 일을 하니 주변에서는 모두 놀라워했다.

　평소 나는 신학 공부를 해야겠다는 생각을 하고 있었다. 그래서 노회에서 운영하는 성서신학원에 입학하면서 성경공부를 시작했다. 신학 공부에 점점 재미가 붙으면서 밤을 새가며 공부를 했다. 주변에서도 이왕 시작한 공부, 끝까지 해보는 것이 어떻겠냐는 권

유가 끊이지 않았다. 부흥사 목사님과 노량진교회 목사님께서 한마음이 되어 나를 격려해 주셨다.

그러던 어느 날 강신원 목사님이 나를 부르셨다.

"집사님, 신학을 체계적으로 공부해보시면 어떻겠습니까? 장신대학교에 입학해서 신학을 공부해보시면 좋을 듯합니다. 열심히 공부하다 보면 나중에 목회자의 길을 걸을 수도 있고요."

"목사님, 제 나이가 몇인데 이제 와서 공부를 어떻게 해요? 가정 돌보랴 전도하랴 지금도 몸이 열 개라도 모자라요."

평소 더 공부하고 싶다는 생각은 했지만 대학을 다닐 생각을 하니 조금 걱정이 되었다. 과연 잘해낼 수 있을까라는 의문은 뒤로 하고라도 어린 아이들 뒷바라지며 교회 섬기는 일을 하느라 하루 24시간이 모자랄 지경이었다.

하지만 집으로 돌아오니 좀전의 염려는 사라지고 신학을 하겠다는 쪽으로 마음이 기울었다. 목사님이 강력하게 권하시는 이유가 있을 것이라는 확신도 들었다. 이 모든 것이 하나님께서 하시는 일이라는 생각이 드니 더더욱 신학을 해야겠다는 결심이 굳어졌다.

남편은 텔레비전을 보고 있었다. 나는 남편에게 넌지시 말을 던졌다.

"신학 공부를 해볼까 하는데… 당신 어떻게 생각해요?"

"신학 공부? 좋지! 지금도 하고 있는 것 아니었어?"

"신학대학교를 다녀볼까 하는데…, 의견을 듣고 싶어서요."

"뭐라고? 신학대를 다닌다고? 갑자기 무슨 신학대야? 시간이 되겠어? 나는 반대야!"

남편의 반대가 만만치 않았다. 하지만 나는 결심을 굽히기가 힘들었다. 쇠뿔도 단김에 빼라는 말이 있다. 남편의 반대에도 불구하고 나는 서울 장신대 3학년 편입학 모집요강이며 입학 원서를 구해서 샅샅이 읽어봤다. 그러고는 원서를 놓고 기도하기 시작했다. 새벽 2시건 3시건 눈이 떠지면 곧장 예배당으로 향했다.

하루는 새벽 3시에 눈이 떠져서 일어났다. 옆에서 남편이 잠꼬대를 하고 있었다.

"이상하다. 이 사람이 누구길래 천사가 돕는 거지?"

그 소리에 놀라 남편을 흔들어 깨웠다. 남편은 비몽사몽 중에 꿈 이야기를 하기 시작했다. 같은 꿈을 두 번이나 꾸었다면서 꿈 이야기를 들려주었다.

"어느 산속 골짜기에서 당신이 아파서 죽어가고 있었어. 사람들이 당신을 구하려고 이 사람 저 사람을 데리고 와서 치료를 했는데 아무리 치료를 해도 낫지를 않는 거야. 그런데 어느 순간 하늘 문이 열리고 하얀 옷을 입은 천사가 내려왔어. 천사가 당신을 안아서 바위 위에 눕히고는 한 의사에게 손짓을 했어. 그 의사가 당신을 치료하니 씻은 듯 병이 나았어. 천사는 하늘로 올라가기 전에 이런 말도 했어. 김 집사가 어려운 일을 당하면 다시 와서 도와주겠다고."

그날 꾼 꿈에 감동된 남편은 선뜻 신학 공부를 하도록 허락해

주었다. 서울장신대학교에 편입하기 위해 새벽마다 코피를 흘리면서 열심히 공부에 매진했다. 얼마 후 그렇게 원하던 서울장신대학교 신학과에 합격하는 쾌거를 이뤄냈다.

노량진교회 평신도로 있을 때부터 나는 전국적으로 다니면서 간증집회를 했다. 지방이든 서울이든 가리지 않고 하나님이 원하시는 곳이라면 어디든 달려갔다. 하루는 과천교회로 간증집회를 가게 되었다. 열정적인 기도와 함께 혼신의 힘을 쏟아서 간증집회를 끝내고 돌아왔다.

며칠이 지난 후 과천교회 담임 목사님이 내게 전화를 하셨다.

"안녕하세요. 과천교회 김찬종 목사입니다. 김인아 집사님의 간증에 우리 교회 성도들이 많은 은혜를 받았습니다. 저희 교회에 전도사로 오셨으면 좋겠습니다. 집사님 생각은 어떠십니까?"

그즈음 여러 교회에서 전도사로 와달라는 요청을 많이 받고 있었다. 기도하는 가운데 하나님께서 과천교회에 가라는 응답을 주셨다. 나는 과천교회 전도사로 가기로 결심하고 남편에게 내 뜻을 알렸다.

"여보, 과천교회에서 전도사로 와 달래요. 나도 과천교회로 가고 싶어요."

"그냥 신학 공부만 하면 안 돼? 왜 그 힘든 전도사를 하려고 하는 거야? 안 돼!"

이번에도 역시 남편은 반대하고 나섰다. 나는 또다시 하나님께 매달렸다.

"하나님, 사역도 남편이 허락하지 않으면 안 하겠습니다. 그러니 하나님께서 남편의 마음을 돌려주세요."

그렇게 며칠이 지났다. 회사를 마치고 돌아온 남편이 나를 부르더니 옆에 와서 앉으라고 말했다.

"여보, 그렇게 사역이 하고 싶어? 그래, 당신이 원하면 그렇게 해. 내가 열심히 밀어줄게."

"당신, 어떻게 갑자기 마음이 변하게 된 거에요?"

그러자 남편은 눈물을 글썽이며 나에게 말했다.

"내가 하나님께 당신을 드리지 않으면 내 생명을 가져가실 것 같은 생각이 들었어. 너무나 두렵고 무서웠어. 하지만 이게 다 하나님이 당신을 사용하시기 위해 그러신 것이니 내가 양보를 해야지 어떻게 하겠어. 여보, 잘해봐. 내가 기도해줄게."

다음날, 나는 과천교회 전도사로 가겠다고 노량진교회 담임목사님께 말씀을 드렸다. 그랬더니 목사님은 그냥 노량진교회에서 사역하는 게 어떻겠느냐며 설득하셨다. 하지만 하나님께서 나를 과천교회로 인도하셨으니, 과천교회에 가서 2년만 훈련을 받고 오겠다고 말씀드렸다. 목사님은 더는 어떻게 설득을 하기가 어렵다고 생각하셨는지 허락해주셨다.

과천교회 전도사로 부임할 즈음, 나는 사역에 더 집중하고 싶어서 서울장신대학교 신학과에 입학하는 동시에 휴학 신청을 했다.

1996년 3월, 과천교회 전도사로 부임하게 되었다. 그렇게 시작된 과천교회에서의 사역이었지만 처음에 계획했던 2년이라는 시간은 순식간에 흘러가 버렸다. 당초의 계획과는 달리 무려 12년이라는 긴 시간이 흐른 다음에야 비로소 모교회인 노량진교회로 돌아올 수 있었다.

빈자리를 채우신 하나님

전도사가 된 후 나는 사역에 모든 열정을 쏟았다. 밤낮을 가리지 않고 교회에서 기도하고 교구 관리와 전도에 온 힘을 쏟았다. 교회에서 집이 꽤 먼 거리에 있었지만 하루도 거르지 않고 새벽 4시면 교회로 향했다.

그 무렵 큰 딸은 고 3이었고, 작은 딸은 초등학교 6학년이었다. 엄마의 손길이 가장 필요할 때였다. 하지만 너무 바쁜 엄마 때문에 아이들은 무엇이든 혼자 해결해야 했다. 아이들은 아침을 거르고 학교에 갔다가 돌아오면 아무도 없는 집에서 외롭고 힘들었을 것이다. 나는 바보였다. 사역에만 몰입한 나머지 남편과 아이들이 힘들어 한다는 생각은 한 번도 해보지 못했다. 큰 아이가 수능을 보는 날에도 도시락조차 손수 싸주지 못했다. 작은 아이가 수능 보는 날도 마찬가지였다. 공교롭게도 그때마다 병원에 수술 환자가 있어서 빠질 수가 없었던 것이다. 병원에 가서 예배를 드린 후 차를 타고 교회로 돌아오는 길에서야 비로소 아이를 위해서 기도하며 울었다.

둘째딸이 고등학교 3학년일 때의 일이다.

"엄마, 저 배가 너무 아파요. 병원에 가야 할 것 같은데 엄마 집에 언제 오세요?"

"조금 지나면 괜찮아질 거야. 엄마 지금 바쁘니까 조금 있다가 전화할게."

너무 바빠서 이 말만 허겁지겁 하고 전화를 끊었다. 밤늦게 집으로 돌아오니 방에서 딸의 신음소리가 들렸다. 배를 움켜잡고 고통스러워하고 있었다. 놀라서 달려가 옷장에서 아무 옷이나 꺼내서 입혔다.

병원에 도착해서 진단을 받으니 맹장이었다. 의사는 다음날 수술해야 한다고 말했다. 나는 그 순간 은영이에게 너무나 미안했다. 수술할 때 얼마나 마음이 아프던지 가슴을 부여잡고 하염없이 울었다. 다행히 수술은 무사히 끝나고 병실로 옮겨졌다. 그날도 심방이 있었기에 나는 딸이 무사한지만 확인하고 심방을 갔다.

심방을 끝내고 병실로 돌아오니 내 모습이 너무도 피곤해 보였던 모양이다. 은영이는 아픈데도 나를 보며 이렇게 말했다.

"엄마, 많이 피곤해보여요. 집에 가서 쉬세요. 난 엄마가 옆에 없어야 잠을 푹 잘 수 있으니 얼른 집에 들어가서 쉬어요."

은영이는 언니가 옆에 있으니 괜찮다며 걱정하지 말고 집에 들어가라며 도리어 나를 걱정했다. 은영이는 그렇게 아픈 내색을 한 번도 하지 않았다. 세월이 지나 은영이는 그때 일을 나에게 이렇게 말했다.

"엄마, 저 맹장수술한 날 무척 아팠어요. 엄마가 너무 보고 싶어서 한밤중에 다시 엄마를 부르고 싶었어요. 하지만 엄마가 피곤해하실까봐 참았어요. 엄마, 저 착한 딸 맞죠?"

힘든 상황에서도 한 번도 힘들다고 투정을 부리지 않은 선영이, 은영이는 너무도 착한 딸들이었다. 남편 역시 한 번도 내게 힘든 표정을 보인 적이 없었다. 남편은 오히려 내 건강을 염려하며 늘 격려를 아끼지 않았다.

한번은 이런 일이 있었다. 모처럼 일찍 집으로 돌아온 나는 지쳐 있었다. 피곤해서 소파에 앉아 있는데 남편이 나에게 다가와서 말했다.

"여보, 요즘 나는 너무 행복해."

깜짝 놀라서 남편의 얼굴을 바라보았다. '무엇이 행복하다는 것일까?' 아무리 생각해 봐도 남편이 행복하다고 할 만한 환경이 아니었다. 아내가 있지만 집으로 돌아오는 시간이 빨라야 저녁 8시니…. 항상 아내 없이 밥을 차려 먹고 혼자 잠을 청하는 남편이었다. 나는 남편의 그 말에 너무도 감사했다. 방에 들어와 주님께 감사의 기도를 드렸다.

"주님, 감사합니다. 행복의 조건이 전혀 갖추어지지 않은 우리 가정에서 남편이 행복하다는 고백을 했습니다. 그것을 보니 주님께서 항상 함께 하시는 것을 알 수 있습니다. 감사합니다."

세월이 흘러 큰딸은 대학을 졸업한 후 결혼했고, 둘째딸은 대학교에 들어갔다. 여전히 바쁜 시간을 보내는 나는 가족과 함께할 수 있는 시간이 거의 없었다. 둘째딸이 대학교 3학년이 되던 해였다. 오랜만에 가족이 모두 둘러 앉아 저녁식사를 했다. 밥을 먹다말고 은영이가 내게 말했다.

"엄마랑 함께 밥을 먹을 수 있어서 너무 행복해요. 남들처럼 매일 엄마랑 외식도 하고 영화도 보고 쇼핑도 했으면 좋겠어요."

그 말을 듣자 나는 가슴이 먹먹해졌다. 여태껏 따뜻한 밥 한 끼 지어주지 못한 것이 너무도 마음에 걸렸다.

"엄마, 전 혼자 밥 먹는 게 제일 싫었어요. 하지만 항상 혼자였어요. 엄마가 없으니 자연히 친구들과 몰려다녔어요. 친구들이 담배와 술을 권할 때도 종종 있었고요. 하지만 엄마의 기도하는 모습이 떠올라서 그렇게 하지 못했어요. 만약 제가 비뚤게 나가면 하나님이 혼내실까봐 무섭기도 했고요. 엄마가 없을 때 하나님이 저를 이렇게 바르게 키워주셨어요. 엄마가 저를 위해서 항상 기도해 주셔서 바르게 자랄 수 있었어요. 엄마, 너무 감사드려요."

그런 말을 하는 딸이 너무도 대견했다. 그리고 하나님의 은혜가 너무 감사했다.

'제가 돌보지 못한 딸을 하나님이 이렇게 바르게 키워주시니 정말 감사합니다. 우리 딸을 너무도 예쁘고 기특하게 키워주셨어요,

하나님!'

기도하는 나의 눈에서 나도 모르게 기쁨의 눈물이 흘러내렸다.

딸은 나에게 이렇게 부탁했다.

"엄마, 부탁이 하나 있어요. 오늘 학교 동산에 올라가서 여러 명이 모여서 기도했어요. 지금 연세대와 이대 총학생회가 변하고 있어요. 운동권에서 벗어나 신앙으로 되돌아가자고요. 그러기 위해서는 신촌 오거리를 변하게 해주셔야 돼요. 술과 타락의 거리가 하나님을 찬양하는 믿음의 거리로 변화될 수 있도록 기도해 주세요. 신촌 오거리에서 한쪽으로 가면 연세대, 반대쪽으로 가면 서강대, 우측으로 가면 이화여대, 그 옆으로 가면 명지대, 홍익대에요. 엄마가 집회하는 곳마다 신촌 오거리가 변화되게 성도들에게 기도해 달라고 부탁해 주세요."

말을 하는 내내 딸의 눈에는 이슬이 맺혀 있었다. 나는 그날의 대화를 잊을 수가 없다. 하나님께 감사의 기도를 드렸다.

"하나님, 우리에게는 미래의 희망이 있어요. 우리 청년들이 복음을 전하며 살 때 우리에게는 아직 희망의 빛이 있어요."

비록 내게 딸을 돌볼 수 있는 상황은 허락되지 않았지만, 그럼에도 불구하고 하나님은 내게 엄청난 복을 주셔서 딸들이 바르게 자랄 수 있었다. 나는 그날 저녁 하나님께 얼마나 진심으로 감사의 기도를 드렸는지 모른다.

노량진교회로 되돌아온 지 2년 5개월, 나는 노량진교회를 그만두고 내게 맡겨진 마지막 목회자의 사명을 받아들였다. 그렇게 하려면 다시 한 번 가족의 희생이 요구되었다. 그래서 나는 은영이에게 말했다.

"하나님이 엄마를 목사로 세워주셨는데 이렇게 사역만 하다가 끝나는 것은 아닌 것 같아. 엄마는 교회를 개척해서 마지막까지 하나님 나라를 위해서 쓰임 받고 싶어. 이제 엄마가 가진 모든 것을 하나님께 내놓을 거야. 생명까지도…. 그런데 엄마가 사역을 하려면 이곳을 떠나야 하는데 너 혼자 이모 집에서 살아야 할 것 같아. 그래도 괜찮겠니?"

"하나님의 뜻이라면 그렇게 해야지요."

은영이는 고심 끝에 차분히 대답했다.

"엄마, 전 어릴 때부터 항상 혼자였어요. 혼자 있는 것에 익숙해져서 이제는 괜찮아요."

은영이의 눈에서 눈물이 흘러내리기 시작했다. 은영이는 어릴 적 이야기를 나에게 들려주기 시작했다.

"여름방학 때도 엄마, 아빠와 함께 놀러 간 적이 없었어요. 항상 이모를 따라서 놀러 갔는데, 어릴 때 제 마음이 어땠는지 엄만 아세요? 저는 엄마, 아빠와 한 번이라도 좋으니 여행을 같이 가는 것이 소원이에요. 다른 엄마와 딸처럼 영화도 보고 맛있는 밥도 먹으러 가고 싶어요. 언젠가는 꼭 한 번 해주세요."

하나님 일을 하느라 바빠서 항상 딸을 혼자 두었다. 엄마의 역할을 이모가 도맡아 해주었다. 언니는 내가 못하는 부분을 항상 대신 맡아 주었다. 엄마의 그늘이 늘 그리웠을 딸을 생각하니 너무나 미안했다. 하지만 이렇게 이해를 해주는 딸이 너무나 고마웠다.

딸뿐만이 아니다. 남편도 나를 백방으로 도와주는 고마운 조력자였다. 지난해 남편의 회사가 어려움을 겪었다. 하지만 남편은 힘들어 하면서도 오히려 나를 많이 도와주지 못한 것을 미안해하는 사람이었다. 남편은 14년 동안 한 번도 나를 힘들게 한 적이 없었다. 오히려 힘들고 어려울 때마다 내게 용기를 주고 힘을 주었다.

한 생명을 살리는 일은 매우 어려운 일이다. 이 일은 아무나 할 수 있는 일이 아니다. 가족의 희생이 있어야 비로소 할 수 있는 일이다. 나의 가족이 있었기에 이 일을 해낼 수 있었다. 나의 부재를 이해해준 가족, 온갖 희생을 묵묵히 감내해 준 가족에게 이번 기회에 사랑과 감사의 뜻을 전하고 싶다.

무엇보다도 하나님의 도움으로 이제껏 우리 가족이 어려움을 이겨낼 수 있었다. 세월이 지나 생각해보면 하나님은 우리 가정을 위해 부족한 부분을 모두 채워주셨다. 내가 경험한 하나님은 나의 이런 희생까지도 복으로 바꿔주시는 놀라운 하나님이셨다.

chapter 05
그 은혜가 내게 족하다

나에게 이르시기를 내 은혜가 네게 족하도다 이는 내 능력이 약한 데서
온전하여짐이라 하신지라 고후 12:9

가장 아름다운 예배를 드린 교수님

"목사님, 언니 심방 좀 부탁드려요. 언니가 교회는 나가는데 믿음이 없어서 걱정이에요."

평소 친분이 있던 표 집사님의 전화였다. 그분의 언니는 서울에 소재하고 있는 대학교의 심리학 교수였다. 평소 믿음 없는 언니를 걱정하던 표 집사님은 고민 끝에 나에게 심방을 부탁했다.

"목사님, 어머니께서 병원에 계세요. 언니가 매일같이 병원에 들르니 시간 맞춰 오셔서 심방해주세요. 부탁드려요."

표 집사님의 어머니는 노환으로 병원에 입원하고 계셨다. 어머니의 문병도 할 겸 교수님이 오는 시간에 맞춰서 교회를 나섰다. 병

원에 도착한 나는 곧바로 병실 안으로 들어섰다. 누워 있는 어머니와 교수님께 인사를 했다.

"저는 과천교회 목사입니다. 어머니 많이 편찮으세요?"

교수님은 내가 가지고 온 음료수를 본체만체 했다. 교수님의 첫인상은 언뜻 봐도 교만 그 자체였다. 그 때 갑자기 교수님이 들고 있는 전화기의 벨이 울렸다. 교수님은 유창한 영어로 상대방과 대화를 나누기 시작했다.

'어떻게 해야 하나? 그냥 인사만 드리고 교회로 갈까?'

나도 모르게 한숨이 절로 나왔다. 교수님은 처음 봤을 때보다 몇 배는 더 교만해 보였다.

'하나님이 나를 이곳에 보내신 데는 다 이유가 있겠지.'

나는 곧 마음을 고쳐먹고 교수님에게 복음을 담대히 전하고 돌아가기로 결심했다.

복음을 전하고 병원 문을 열고 밖으로 나오는데 심방을 부탁했던 표 집사님의 표정에서 미안한 기색이 역력했다.

"괜찮습니다. 함께 기도해요. 하나님이 함께 하실 거예요."

나는 이렇게 말한 후 병원을 나섰다.

그 일이 있은 지 3년이 지난 어느 날, 표 집사님에게서 다시 전화가 왔다.

"목사님, 언니가 급성 백혈병에 걸렸어요. 앞으로 한 달밖에 못 산데요. 항암치료를 받고 집으로 돌아왔어요. 목사님을 너무 뵙고 싶어 해요. 염치없지만 심방을 부탁드려요."

표 집사님은 울먹이며 말했다.

권사님 두 분과 함께 덕소에 있는 교수님이 살고 있는 아파트로 한달음에 달려갔다. 그분의 집에 도착하니 이미 많은 동료 교수들이 문병을 와 있었다.

"교수님, 손님이 많네요. 기다릴 테니 천천히 말씀 나누세요."

"아닙니다. 목사님. 빨리 방으로 들어오세요. 그렇지 않아도 목사님을 기다리던 중이었습니다."

사람이 많으니 순서를 기다리겠다고 말했지만 그분은 다른 사람들을 제쳐두고 나를 먼저 보고 싶다고 하셨다. 그래서 할 수 없이 방으로 들어갔다. 그런데 너무나 신기하게도 그분은 과거에 내가 만났던 교수님의 모습이 아니었다. 교만했던 모습은 온데간데없고 수척한 얼굴의 중년 여인만이 그 자리에 앉아 있을 뿐이었다. 그분의 마음을 위로하면서 눈물로 기도를 드리기 시작했다.

그분은 눈물을 흘리면서 나에게 고백하기 시작했다.

"목사님, 저는 심리학 교수로 30여 년간 학생들을 가르쳐 왔습니다. 죽음에 대한 학과를 개설해서 제자들에게 가르친 적도 있습니다. 그때 학생들에게 죽음은 두려워할 대상이 아니며, 죽음이 오면 멋있게 죽음을 맞이하라는 이야기를 전했습니다. 하지만 병원에서 한 달밖에 살 수 없다는 이야기를 듣고 나니 왜 이렇게 공허하고 초조한지 모르겠습니다. 불안해서 잠조차 이루지 못하겠습니다."

그분은 하염없이 눈물을 흘렸다.

"교수님, 인간은 하나님의 피조물입니다. 그렇기 때문에 하나님과 함께 할 때에만 공허하지 않습니다. 이제 모든 것을 하나님께 맡기십시오. 그러면 하나님이 교수님을 평안하게 해 주실 겁니다. 혹시라도 하나님이 생명을 연장해주시면 그때는 학생들에게 학문과 지식이 아닌 하나님에 대한 신앙을 강의하겠다고 고백하십시오."

내 말에 그분은 고개를 끄덕이셨다. 나는 복음을 전하고 간절히 기도한 후 집으로 돌아왔다. 며칠 후 다시 표 집사님에게서 전화가 왔다.

"언니가 아직 세례를 받지 못했어요. 병상 세례를 부탁드려요."

나는 그간의 사정을 담임목사님께 말씀드리고 권사님들과 함께 그분의 집에 갔다. 집에는 그분과 남편이 함께 있었다. 세례를 베풀기 전에 예배를 먼저 드렸다.

"목사님, 남편과 함께 세례를 받고 싶습니다."

갑자기 그분이 세례를 부탁하며 이렇게 말했다.

"목사님, 사실은 제가 교회를 30년 이상 다녔습니다. 매번 교회는 가지만 앞이 보일 듯 말 듯한 맨 뒷자리에 앉아서 건성으로 예배만 드리고 돌아왔습니다. 그런데 이제 가만히 생각해보니 한 번도 하나님께 예배다운 예배를 드리지 못한 것 같습니다. 오늘 처음으로 하나님께 진짜 예배를 드리는데 어떻게 모자를 쓰고 예배를 드리겠습니까?"

그분은 머리에 쓰고 있던 모자를 벗었다. 모자를 벗은 그분의 머리는 항암치료로 인해 머리카락이 거의 빠지고 듬성듬성 몇 가닥이 남아 있었다. 가슴이 아팠다. 그 모습은 인간의 눈으로 바라본다면 결코 아름답지 않은 모습일 것이다. 하지만 영적인 눈으로 봤을 때는 너무도 아름다운 모습이었다. 그날의 예배가 얼마나 고귀하고 아름다웠는지 나는 지금도 잊을 수가 없다.

그렇게 예배를 드린 얼마 후, 표 집사님으로부터 연락이 왔다.

"언니가 중환자실에 있는데 오늘밤을 넘기지 못할 것 같아요. 언니가 목사님을 너무 보고 싶어 하세요. 죄송하지만 병원으로 와 주실 수 있나요?"

나는 전화를 끊자마자 중환자실로 달려갔다. 그분의 입에는 산소호흡기가 물려져 있었고 얼굴빛은 너무나 창백해서 차라리 푸른빛을 띨 정도였다. 하지만 표정만은 너무나 평안해 보였다.

"교수님, 아직도 공허하세요? 아직도 불안하신가요?"

나는 그분께 나지막한 목소리로 물었다. 말을 하지 못하는 그분을 위해서 침대 옆에는 종이와 연필이 마련되어 있었다. 내게 연필을 손에 들고서 글로 대답을 대신했다.

"행복해요. 저를 위해서 기도해 주세요."

나는 그분의 손을 잡고 찬송을 부르기 시작했다.

"나 같은 죄인 살리신 주 은혜 놀라와…."

그분은 고개를 끄덕이며 하염없이 눈물을 흘리셨다.

"길이요 진리요 생명 되신 예수님의 손을 꼭 붙드세요. 예수님이 교수님을 천국까지 인도하실 겁니다."

나는 그분을 향해 축복했다. 교수님은 손가락으로 "아멘"이라고 답했다. 그 모습을 보면서 나는 참 진리를 다시 한 번 깨달았다. 그분은 학교의 학장과 교수로 오랜 세월 일하면서 수많은 제자들을 배출하고 명예와 물질 어느 것도 부족함 없이 살아왔다. 하지만 죽음 앞에서 그런 것들은 전혀 도움이 되질 않았다. 그분이 마지막 가는 길에는 오직 길이요 진리요 생명이신 예수님만이 함께 하셨다.

그날 저녁 그분은 하나님 품에 안겼다. 그분은 내게 장례식을 부탁한다는 유언을 남겼다. 염을 해드린 후 표정을 보니 얼마나 평안한 모습이던지…. 마치 잠을 자고 있는 듯했다. 마지막으로 발인예배를 드리면서 참석한 많은 교수들과 가족을 향해 나는 이런 말로 설교를 끝마쳤다.

"여기, 세상에서 가장 아름다운 예배를 드린 교수님이 잠들어 있습니다!"

삶의 마지막 순간, 우리에게 반드시 필요한 모습은 무엇일까? 무엇이 임종의 순간을 아름답게 만드는가? 그것은 주님의 품에 안겨 있는 고인의 평안한 모습이다! 우리는 오랜 시간 신앙생활을 했어도 주님을 마음에 모시지 않고 겉핥기식 신앙생활을 해왔을 수도 있다. 그렇다면 우리 또한 그분처럼 공허할 수밖에 없다. 하나님이 내 안에 계시지 않다면 늘 불안하고 초조할 수밖에 없다. 내가 만난 주님, 나를 위해 생명을 내어주신 주님의 그 놀라운 사랑이 우리 안에 있을 때, 우리는 하나님이 주시는 평강과 기쁨을 체험하게 될 것이다.

음부의 권세가 넘보나니

재미난 일화를 하나 소개한다. 우리 교회 송 집사님 이야기다. 송 집사님은 하는 일마다 실패해서 되는 일이라곤 하나도 없다고 늘 푸념하고 다녔다. 그래서 교회를 떠나 이전에 다니던 절에 가서 천 배를 열 번이나 하고 왔다고 한다. 그렇게 지극정성으로 만 배를 하고 나니 허리가 너무 아파서 일어설 수조차 없었다고 한다. 몸을 겨우 일으켜서 숨을 돌리며 이마에 맺힌 땀을 닦고 있었다. 송 집사님은 한숨을 돌리고 불상을 지그시 바라다보았다. 그랬더니 갑자기 부처가 송 집사님께 이렇게 한 마디 했다고 한다.

"왜 인간들은 나를 만들어 놓고 자꾸 와서 뭘 달라고 하나? 나도 참 민망스럽다."

그 음성을 듣고는 자신이 창피하기도 하고 절을 하고 있던 자신의 모습이 너무 우스웠노라고 고백했다. 송 집사님은 그 뒤 다시 교회로 돌아와서 신앙생활을 열심히 하고 있다.

심성이 나약한 인간은 눈에 보이는 것에 민감하게 반응한다. 신앙생활을 열심히 하던 사람도 일이 자기 뜻대로 되지 않고 힘이 들면 교회를 떠나는 경우가 종종 있다. 송 집사님의 경우도 마찬가지였다. 하지만 우리는 영이신 하나님을 끝까지 신뢰해야 한다. 우리는 영적인 존재이기 때문에 영이신 하나님과 함께할 때에야 비로소 이루는 바를 얻고 마음도 평안해진다.

현 집사님도 이와 비슷한 경우였다. 과천교회에서 12년 사역을 한 후 모교회인 노량진교회로 다시 왔을 때의 일이다. 믿음이 좋아서 늘 열심히 전도하던 현 집사님이 교회에서 한동안 보이질 않았다. 궁금해진 나는 다른 집사님께 현 집사님의 안부를 물었다.

"현 집사님 어디 이사 가셨나요? 통 보이시질 않네요?"

그러자 이런 대답이 돌아왔다.

"현 집사님의 가정 형편이 좋지 않아서 어쩔 수 없이 전도대를 그만 두셨어요."

나중에 현 집사님과 이야기를 나눌 기회가 있어서 현 집사님으로부터 전도대도 나오질 않고 교회도 잘 나오지 않게 된 이유를 듣게 되었다.

"가정 형편이 어려워서 제가 돈을 벌어야 해요. 시간이 없어서 교회에 나오기가 힘들어요. 나중에 돈 좀 벌면 그때 나와서 열심히 전도할게요."

"돈을 얼마나 버시길래 전도대 일을 포기하십니까?"

"몇 십 만원 벌어서 생활비에 보태고 있어요."

내가 보기에는 그 몇 십 만원 버느라 세상에 나가서 일하기보다는 조금 아껴 쓰면 되지 않을까 싶었다. 세상적인 욕심을 가지고는 주의 일을 하기 어렵다. 주님만 바라보며 나가도 주님의 일을 전심으로 하기 힘든데 말이다.

전도대를 이끌다보니 전도를 하다 말고 돈을 벌겠다며 세상으로 나가는 분이 적지 않다. 그러나 대부분은 돈도 못 벌고 세상의 유혹에 빠져 타락하게 된다. 그래서 결국에는 교회까지 나오지 않게 되는 경우를 종종 보게 된다. 그때마다 너무도 안타깝다.

현 집사님 역시 마찬가지였다. 처음에는 돈을 벌기 위해 세상으로 나갔다. 그러다 보니 동료들과 술도 한잔하게 되었다. 교회에도 얼마 동안은 주일만 겨우 나오다가 시간이 흐르자 한 달에 한 번도 나오기 힘들어졌다. 결국에는 아예 교회와 멀어져서 발길을 끊게 되었다.

가정 형편이 나빠질수록 하나님의 깊은 뜻이 거기에 있음을 깨닫고 순종해야 한다. 주님에 대한 믿음으로 세상의 욕심을 이겨내야 한다. 형편이 좋지 못할수록 주님의 일에 전심을 다해야 주님께서 우리의 필요를 채워주신다.

나도 한 때 어려운 때가 있었다. 그때는 신앙이 무엇인지도 잘 몰랐다. 지금 생각해보면 하나님이 이렇게 쓰시려고 계획하시고 물질적인 어려움을 겪게 하신 듯하다. 그때는 돈이 없어서 보증금 30만 원에 월세 6만 원짜리 사글세방에서 근근이 살았다. 예수님을 만나기 전에는 그러한 상황이 얼마나 힘들고 처량했는지 모른다. 이렇게 살아서 무엇하나라는 생각에 짜증과 불평만을 쏟아내었다. 아이들에게도 못난 엄마였다. 궁핍한 생활에 찌들어서 아이들에게 따뜻한 말 한 마디 건네지 못했다. 그러나 지금 돌이켜 보면 얼마나 미안한지 모른다.

그런 가운데서도 열심히 신앙생활을 하면서 예수님을 만났다. 내 마음에 예수님이 들어오시니 빠듯한 살림살이지만 처량하다는 생각은 사라졌다. 그리고 하루하루를 살아갈 수 있다는 데 감사를 드렸다. 마음이 변하자 하나님은 우리 가정에 화목과 사랑을 주셨다. 물질은 그다지 중요하지 않았다. 예수님이 나와 함께 계시다는 생각만으로도 부자가 된 느낌이었다. 그맘때쯤 나는 기쁜 마음으로 전도를 시작하게 되었다. 전도하고 기도하면서 말씀으로 살아가는 사람이 되었다. 내가 행복해지니 아이들도 다시 행복을 되찾았다. 그리고 우리 가정은 힘들고 어렵지만 그 속에서도 서로를 섬기고 사랑하는 건강한 가정으로 거듭나게 되었다.

마음의 부자가 되어라

"언니, 저 결혼하고 팔자가 피었나 봐요. 요즘 사는 게 얼마나 편안한지 몰라요. 역시 여자는 돈 많은 남자 만나서 사는 게 제일인 것 같아요."

주님의 일을 하며 열심히 살던 어느 날이었다. 이전에 우리 집

안일을 돌봐주던 혜정이가 집에 놀러 와서 이렇게 말하는 것이 아닌가!

"언니, 돈 필요하면 언제든 저에게 말씀하세요. 제가 도와 드릴게요."

이 한 마디에 나는 그만 시험에 들고 말았다. 이상한 것은 지금껏 한 번도 70평대 아파트에 살고 있는 친구를 보아도 부럽다는 생각을 하지 않았는데, 혜정이의 그 한마디에 내 자신이 한없이 초라하고 서글퍼보였다. 급기야는 마음이 답답해지더니 돈에 대한 욕심이 생기기 시작했다. 교회도 가기 싫고 밥, 빨래 등 집안일도 하기 싫어졌다. 내 머리 속에는 오로지 어떻게든 돈을 벌어야겠다는 일념뿐이었다.

신경이 날로 날카로워져 갔다. 아이들에게도 화내기 일쑤였다. 예수님을 믿기 이전의 모습으로 다시 돌아가 버렸다. 매일 드리던 가정 예배도 더 이상 드리지 않게 되었다. 아이들은 신경이 날카로운 나를 볼 때마다 피하기 바빴다.

그렇게 일주일이 지난 어느 날이었다. 여전도회에서 전화가 왔다. 수련회를 가니 임원인 사람은 모두 빠지지 말고 참석해야 한다는 것이었다. 가고 싶지 않았다. 교회에서 계속 전화가 걸려오는 통에 나중에는 아예 전화를 받지 않았다. 그렇게 몇 시간이 흘렀을까…. 힘없이 소파에 누워 있는데 눈물이 얼굴을 타고 하염없이 흘러내렸다.

'내가 지금 무엇을 하고 있나?'

한심한 생각마저 들었다. 가만히 생각해보니 한 사람의 말 한마디가 내 마음을 지옥으로 만들었던 것이다. 그 순간 자리를 박차고 일어나 청계산에 올라갔다. 그리고 늘 앉아서 기도하던 자리로 가서 무릎을 꿇었다. 얼마나 가슴이 답답하던지…. 소리를 지르면서 내 마음에 쌓여 있던 세상에 대한 모든 원망을 쏟아냈다. 얼마나 오랫동안 울었는지 심신이 다 지쳤다. 그러다가 가만히 눈을 감고 묵상하기 시작했다.

> 오직 각 사람이 시험을 받는 것은 자기 욕심에 끌려 미혹됨이니
> 욕심이 잉태한즉 죄를 낳고 죄가 장성한즉 사망을 낳느니라
> 약 1:14-15

이 말씀이 갑자기 머릿속에 떠올랐다. 몇 날 며칠을 욕심에 미혹되어 살았던 것이 후회가 되었다. 그때 갑자기 입에서 찬송이 흘러나왔다.

"그 은혜가 족하네…."

한참동안 찬송을 부르고 나니 마음이 다시 평안해졌다. 많이 부끄러웠다. 가슴속에 있던 큰 돌덩이가 사라지고 답답함도 가셨다. 청계산을 내려오면서 얼마나 기쁘고 고맙던지…. 하나님께 감사의 기도를 드리며 집으로 돌아왔다. 집에 와서는 정성스럽게 저녁상을

차려서 가족 모두와 함께 저녁식사를 했다. 그러고는 가정 예배를 드렸다.

"엄마, 찬송가 406장 불러요."

작은 딸의 말에 찬송가 406장을 펼쳤더니 바로 내가 산에서 불렀던 찬양이 아닌가! 나는 얼마나 놀랐는지 모른다. 성령님은 아이를 통해서 나에게 응답을 주셨던 것이다. 내가 울면서 찬양하니 아이들도 따라서 울었다. 그날 저녁 가정 예배는 은혜로 충만한 자리였다.

"엄마, 얼굴이 다시 예뻐졌네요."

예배를 마친 후 작은 딸이 배시시 웃으며 말했다. 그 순간 아이들에게 너무나 미안했다. 지난 일주일을 돌아보니 너무도 끔찍했다. 나의 모습이 너무나 한심했다. 이제부터는 절대로 물질을 탐하지 않겠다고 다짐하고 또 다짐했다.

그날 이후 나는 오로지 신앙생활에만 전념했다. 그리고 열심히 전도했다. 많은 생명을 살리기 위해 온 맘과 온 몸을 다 바쳤다. 그랬더니 하나님은 남편을 통해 물질의 복을 내려주셨고, 영적인 복을 통해 나를 지금의 이 자리에 세워주셨다.

한 생명을 살리는 일은 매우 어려운 일이다.
이 일은 아무나 할 수 있는 일이 아니다.

가족의 희생이 있어야 비로소 할 수 있는 일이다.
나의 가족이 있었기에 나는 이 일을 해낼 수 있었다.

나의 부재를 이해해준 가족,
온갖 희생을 묵묵히 감내해 준 나의 가족에게
이번 기회에 사랑과 감사의 뜻을 전하고 싶다.

교회의 부흥은 한 사람으로부터 시작된다. 한 명을 소중히 여길 때 1백 명이 되고 1천 명이 된다. 예수님도 한 마리의 잃은 양을 소중히 여기셨다. 전도를 하다보면 한 사람을 교회에 데려오는 것이 얼마나 힘든 일인지 절감할 수 있을 것이다.

······ *PART 2*

전도불패의 믿음

chapter 01
칭찬이 부흥시키는 교회

도가니로 은을, 풀무로 금을, 칭찬으로 사람을 단련하느니라
잠 27:21

칭찬은 전도훈련의 첫걸음

날마다 마음을 같이하여 성전에 모이기를 힘쓰고 집에서 떡을 떼며 기쁨과 순전한 마음으로 음식을 먹고 하나님을 찬미하며 또 온 백성에게 칭송을 받으니 주께서 구원 받는 사람을 날마다 더하게 하시니라 행 2:46-47

오늘날 한국교회 성도들은 칭찬에 참 인색하다. 웃는 얼굴에 '침 못 뱉는다'는 말이 있듯이, 전도할 때 웃는 얼굴은 필수다. 그리고 웃는 얼굴과 함께 꼭 필요한 것이 바로 칭찬이다. 밖에서 전도를 하면 전도대에서 훈련을 받으며 생각했던 것보다 훨씬 어렵다. 그

래서 나는 가끔 전도훈련을 시킬 때 칭찬을 못하는 성도들을 위해 제일 먼저 웃는 얼굴로 칭찬하는 법을 가르친다.

연합집회에서 칭찬 연습을 할 때 일어난 일이다.

"옆 사람에게 칭찬 한 번 해보세요."

그러면 단 몇 초 만에 칭찬이 끝나버린다. 나는 절로 한숨이 나온다.

"자, 보세요. 머리부터 발끝까지 칭찬의 소재가 될 수 있습니다. 그러니 옷이 예쁘다고 칭찬해 보시고, 얼굴이 예쁘다, 피부가 좋다 등등 될 수 있는 대로 길게 칭찬을 해보세요."

그러면 칭찬하는 시간이 조금 길어진다.

"칭찬을 할 때는 그냥 말로만 하는 것이 아니라 액션을 취해가면서 해 보세요."

그러면 그때서야 민망해 하면서도 서로를 아낌없이 칭찬하기 시작한다. 서로 부끄러워서 쳐다보지도 못하면서 열심히 칭찬한다. '까르르' 웃으면서 재밌어 하기도 하고 칭찬을 받는 상대는 기분이 좋아서 어쩔 줄 몰라 하기도 한다.

서로에게 칭찬하기가 끝나면 핸드폰을 꺼내라고 말한다. 남편이나 자녀에게 사랑을 듬뿍 담아서 문자 메시지를 보내보라고 한다. 그러면 깔깔거리며 웃으면서 보낸다. 처음 이런 문자를 보내본다는 분들도 꽤 많다. 문자를 보내고는 조금 기다려 보자고 한다. 잠시 후 답장이 하나 둘씩 오기 시작하는데, 대부분 이런 답장이 돌아온다.

'당신 미쳤어?'

'안하던 짓 하면 죽는데…'

'뭐 잘못 먹었어?'

한 번도 그런 문자를 보낸 적이 없으니 상대방은 어리둥절하다 못해 당황한 것이다. 문자를 보낸 당사자들은 이런 반응에 재미있어 하지만 나는 마음이 아프다. 되돌아 온 문자가 칭찬에 인색한 우리들의 모습을 그대로 반영하기 때문이다. 우리는 '당신 사랑해'라는 말 한 마디에도 어색해 한다.

칭찬에 인색한 교회는 바로 서지 못한다. 교회를 핍박하는 많은 사람들에게 복음의 역사가 일어나게 하려면 먼저 웃는 얼굴로 상대방을 대해야 한다. 웃는 얼굴로 전도하다 보면 처음에는 '예수쟁이'라며 핍박하던 사람들도 어느덧 마음이 풀어져서 마음을 터놓고 대화하게 된다.

칭찬에 인색한 것 외에도 또 하나 고쳐야 할 점이 있다. 바로 서로 아껴주고 사랑으로 보듬어 주는 것이다. 교회에 처음 온 새 신자에게 친절하기는커녕 멀뚱멀뚱 쳐다보며 파당을 형성해서 사람들을 배척하는 모습을 종종 본다. 이는 예수님을 욕되게 하는 일이다.

한번은 이런 일이 있었다. 내가 맡은 구역에 전도를 나갔다가 이단에 빠진 여자를 만났다. 그 여자에게 그 곳은 나쁜 곳이니 건강한 교회를 나가라고 간곡히 권면했다. 그러자 그 여자는 나에게 이렇게 말했다.

"저도 이전에는 기성 교회에 나갔습니다. 하지만 그곳에는 사랑이 너무 없어서 나가다가 발길을 끊고 말았죠. 새신자일 때 교회를 가면 인사를 하는 이도, 반겨주는 이도 없었습니다. 너무나 외롭고 힘들어서 교회에 나가게 되었는데, 그 모습을 보면서 다시는 교회에 나가지 않겠다고 다짐하고 돌아왔습니다. 그러던 중 주변 분의 소개로 지금 다니는 곳에 나가기 시작했습니다. 그곳은 저를 사랑으로 섬겨줍니다. 격려하고 관심을 아끼지 않습니다. 저는 지금이 가장 행복합니다."

나는 그 여자의 말에 말문이 막혔다. 무슨 말을 해야 할지 떠오르지 않았다. 아무리 건강한 교회에 다니라고 말해도 지금 다니는 곳이 더 좋다는데 할 말을 잃었다. 결국 전도를 포기하고 교회로 발걸음을 돌렸다.

돌아오는 길에 나는 한국교회의 문제점이 무엇일까 곰곰이 생각해보았다. 한국의 모든 교회가 사랑으로 섬기기보다는 엄숙한 분위기와 서로를 정죄하는 데만 급급하지 않았는지 반성했다. 이제는 교회 안에 내적인 변화가 필요한 때이다. 엄숙한 분위기보다는 화목하고 밝은 분위기의 교회가 되도록 노력해야 한다. 죄를 정죄하기보다는 사랑으로 감싸주고 바로 설 수 있도록 관심을 가져줘야 한다. 새신자가 교회에 오면 관심과 사랑으로 섬겨서 잘 정착할 수 있도록 격려를 아끼지 않아야 한다.

나는 주일날 예배 시간마다 현관에 나가 새가족을 기다린다. 웃는 얼굴로 새가족을 반기며 사랑으로 그들을 맞아준다. 그러다보면 교회에 익숙하지 않아서 낯설어하던 새가족이 나를 보면 달려와서 인사를 하고 껴안기도 한다. 그들의 얼굴에는 하나같이 활짝 웃음이 피어난다. 나는 한 사람 한 사람의 손을 꼭 잡고 껴안아 준다. 그러면 안기는 성도와 내가 모두 마음속에 행복이 충만해짐을 느끼게 된다.

마음을 여는 열쇠, 칭찬

김 권사님이 전도하던 남자가 다리 골절로 병원에 입원해서 심방을 가게 되었다. 병원에 도착해서 병실 안으로 들어서니 60대 정도 되어 보이는 남자가 침대 위에 앉아 있었다. 내가 인사를 하자마자 그 남자는 고개를 홱 돌렸다. 나는 침대 옆에 앉아 기도한 후 한참 동안 앉아 있었다. 그러다가 그분에게 이런 칭찬으로 말을 걸기 시작했다.

"인상이 참 좋으세요. 저는 선생님 같이 좋은 인상을 가진 분을 처음 만나봅니다. 처음 뵙자마자 너무 멋있으셔서 깜짝 놀랐어요."

그러자 남자는 나를 향해 고개를 돌리더니 씩 웃는 것이 아닌가! 그때부터 그 남자의 마음은 열리기 시작했다.

그날 이후 지속적으로 그 남자를 찾아갔다. 그때마다 칭찬에 칭찬을 거듭했다. 그랬더니 병원에서 퇴원을 하자마자 휠체어를 타고 교회에 나왔다. 지금은 교회에서 나를 만나면 멀리서부터 큰소리로 인사하며 얼마나 잘해주는지 모른다.

전도대 권사님이 은행에 전도를 하러 갔는데 어떤 여자가 자신의 순서를 기다리면서 의자에 앉아 있는 것이 보였다. 여자 옆에 앉아서 칭찬으로 대화를 시작했다.

"어머님, 어쩌면 이렇게 고우세요? 피부 관리는 어떻게 하셨길래 이렇게 피부에서 빛이 나나요?"

"어머, 제가 피부가 좀 좋긴 하지요? 60세 조금 넘었어요."

"세상에, 너무 동안이셔서 그 나이로 안 보겠어요. 호호."

물론, 60세는 더 되어 보였지만 그렇게 살짝 띄워주자 여자는 환하게 웃으며 마음을 열었다. 그렇게 마음이 열리자 복음이 쉽게 전달되었다. 그 여자에게 복음을 전한 후 교회에 나오라고 권면하니 너무나 흔쾌히 승낙했다.

칭찬이 가장 중요하다. 교회를 핍박하는 사람이 세상에는 얼마나 많은지 모른다. 나는 그때마다 칭찬으로 그런 사람들의 마음을 열라고 조언해준다.

한번은 지하철역에서 전도를 하는데, 어떤 남자가 박카스를 하나 사가지고 와서 내게 인사했다. 그 남자를 보자마자 함께 있던 박 권사님이 귓속말을 했다.

"제가 전도를 맡고 있는 구역에 사시는 분이세요. 전도하러 나가기만 하면 교회에 대한 비판과 목사님 욕을 어찌나 잘하는지, 제가 민망해서 어쩔 줄을 모르겠다니까요. 아마 지금도 욕하러 나온 게 분명해요."

그 말을 듣고 나는 남자에게 다가갔다.

"저는 노량진교회 부목사입니다. 이렇게 박카스를 사온 분은 선생님이 처음이세요. 사람을 섬기는 모습을 보니 너무나 기분이 좋네요. 선생님 같은 분만 계시면 세상이 얼마나 살기 좋아질까요? 박카스 감사히 먹겠습니다."

그렇게 남자에게 칭찬을 했더니 나에게 교회 욕은커녕 오히려 인사를 꾸벅하면서 좋은 말만 쏟아놓았다.

"저는 이 세상의 모든 교회를 싫어합니다. 하지만 노량진교회는 참 좋아합니다. 노량진교회 목사님이 최곱니다. 제가 만약 교회를 나가게 된다면 노량진교회에 다닐 겁니다."

남자는 그 말을 남기고는 쏜살같이 사라졌다.

핍박이 전도를 막으니

이후로는 누구든지 나를 괴롭게 하지 말라 내가 예수의 흔적을 지니고 있노라 갈 6:17

이 말씀을 묵상하면서 '과연 내가 예수님의 흔적을 지니고 있는 것일까?' 생각해 보았다. 14년 동안 사역을 하면서 해가 가면 갈수록 목회가 어렵고 힘들어진다는 것을 실감하고 있다. 예수님을 닮아 가려고 애를 쓰지만 인간이라는 한계에 부딪쳐서 그렇지 못할 때가 많다.

몇 년 전의 일이다. 목사님 한 분이 기도원에서 산책하는 도중 실족하여 그 자리에서 목숨을 잃었다. 나중에 들어서 안 사실이지만 그 목사님은 사역이 너무 힘들어서 기도원에 가셨다가 그런 변을 당하셨던 것이다. 하나님의 백성은 반드시 예수님의 흔적을 가지고 있어야 한다. 예수님의 흔적 없이 신앙생활을 하는 성도들이 목회자를 비방하거나 사역을 힘들게 한다. 결국 이것은 목회자뿐만 아니라 자신의 교회를 망치는 결과를 초래하게 된다. 이 목사님은 성도들의 압력과 사역을 감당하지 못해서 어려움을 겪었고, 비참한 죽음을 맞게 되셨던 것이다. 예수님의 흔적이 없으면 결국 자신을 바로 보지 못하고 그런 어려움을 겪게 만드는 것이다. 다른 사람이 열심히 복음을 전하는 모습을 보고 시기하거나 질투해서 그 사람이 하나님의 일을 제대로 하지 못하게 막는 경우를 흔히 본다. 이기심과 교만함이 사람의 마음을 사로잡으면 공동체의 혼란을 야기하고 결국 파괴시킨다.

무더운 한여름에 하루도 쉬지 않고 땀을 뻘뻘 흘리면서 복음을 전하다 보면 힘이 든다. 기운이 없는 전도대원들의 체력을 보충해 주기 위해 고기를 사드리면 '전도대는 전도는 안 하고 항상 고기만

사먹는다'고 비방하거나 헐뜯는 사람들도 있다. 일 년 열두 달 열심히 전도하느라 애쓴 전도대원들이 수련회를 다녀오면 '전도대는 전도는 안 하고 놀러만 다닌다'고 소문을 퍼트리기도 한다. 열심히 일하는 사람들을 깎아내리거나 나쁜 소문을 내는 행동은 반드시 피해야 한다. 나는 때론 전도를 방해하는 것이 교회 밖이 아니라 교회 안은 아닐까 생각한다.

우리는 자신이 교회의 목회자를 깎아내리거나 헐뜯고 있지는 않는지 돌아봐야 한다. 말 한 마디가 사람을 죽일 수도 있고 살릴 수도 있다. 우리 교회 전도대원들은 서로 도우며 어떻게 하면 더 많은 사람들에게 복음을 전하고 열매를 거둘 것인가 고민을 거듭한다. 그리고 서로 격려하고 기도하는 가운데 하나가 된다. 열심히 전도하면 주변 사람들로부터 칭찬을 많이 받는다. 그 칭찬 한 마디에 힘을 얻어서 더 열심히 전도하는 모습을 볼 수 있다.

그런데도 칭찬받는 사람을 시기해서 비방하고 헐뜯는 사람이 간혹 존재한다. 이것은 열심히 일하는 사람들을 실족하게 만드는 것이다. 자신의 말이 독이 되지 않고 생명수가 되도록 해야 한다. 가장 큰 문제는 이런 분들 중에 교회의 중역으로 일하는 분들이 계시다는 것이다. 이런 사람들이 생각 없이 내뱉은 말 한마디가 전도를 가로막기도 한다.

이런 일화가 있었다.

"목사님, 저랑 심방 가요. 어떤 청년이 심각한 병을 앓고 있다는

데 가서서 그 청년이 치유될 수 있도록 기도해 주세요."

고 권사님이 내게 심방을 부탁했다. 그래서 나는 고 권사님과 함께 여자 청년이 살고 있는 집으로 찾아갔다. 마침 청년의 고모가 집에 와 있었다. 고모는 나에게 조카 혜림 자매의 이야기를 들려주었다.

그 자매는 6살 무렵 부모님이 이혼해서 친할머니 밑에서 자랐다. 초등학교 6학년이 되던 어느 겨울방학 때의 일이었다. 할머니가 친구들과 여행을 떠나느라 아이를 혼자 두고 10일 동안 집을 비웠다. 자매는 혼자 식사를 챙겨 먹는 게 귀찮아서 아무것도 먹지 않았다. 물만 마시면서 하루하루를 보냈다. 며칠 째 물만 마셔서인지 혜림이의 얼굴은 퉁퉁 부어있었다.

하루는 학교를 마치고 친한 친구 집에 놀러 가게 되었다. 집에서 한참 놀고 있는데 방으로 친구 언니가 들어왔다. 친구 언니는 퉁퉁 부은 아이의 모습을 보고는 걱정이 되었다.

"혜림아, 왜 이렇게 퉁퉁 부었어? 몸이 안 좋은 거야? 언니가 잡지에서 봤는데 부기를 빼려면 이뇨제를 먹어야 한다던데…."

친구 언니는 지나가는 말로 부기를 빼려면 이뇨제를 먹으면 된다고 말했다. 아이는 집으로 돌아오는 길에 약국에 들러서 이뇨제를 10알 샀다. 집으로 돌아오자마자 이뇨제를 꺼내서 두 알을 꿀꺽 삼켰다. 그랬더니 부기가 감쪽같이 빠지는 것이었다. 그때부터 자매는 29살이 될 때까지 이뇨제를 복용하게 되었다.

이뇨제를 장기간 섭취하다보니 약물중독이 되어서 고생하던 혜림 자매는 급기야 거식증으로 발전했다. 속에서 음식물을 받아주질 않아서 먹기만 하면 모든 것을 토해냈다. 그래서 지금은 뼈만 앙상해서 어디에 부딪치기만 해도 순식간에 부러질 듯 너무나 위태로워 보였다. 걸어 다니는 것이 신기할 정도였다. 키는 173센티미터인데 반해 몸무게는 29킬로그램이었다. 성인 여성 평균 몸무게의 반 정도였다. 아직도 약을 끊지 못해서 하루에도 수없이 이뇨제를 먹고 있었다. 치료를 할 수 없을 정도로 악화되어서 어떻게 해야 할지 모르겠다고 근심스런 얼굴로 고모는 말했다.

혜림 자매는 친구 언니의 말 한 마디, 잘못 알고 있던 상식으로 인해서 평생을 회복할 수 없는 모습으로 살아가게 된 것이다. 생각 없이 내뱉은 말 한 마디가 사람을 죽일 수도 있다는 것을 이 이야기를 통해 다시 한 번 생각해 봤으면 한다. 말을 할 때는 생각하고 또 생각해서 다른 사람에게 상처를 주지 않도록 주의해야 한다.

사도 바울은 예수님을 만난 후 오직 복음을 위해서 자신의 모든 것을 바쳤다. 그러는 가운데 예수님의 흔적이 뿌리 깊이 박혀 오직 하나님이 기뻐하시는 삶을 살기 위해 노력했다. 바울 서신을 보면 '내 몸에 예수의 흔적을 가졌노라'고 했다.

바울은 옥에도 갇혔다. 수없이 매를 맞아서 죽을 고비도 여러 번 넘겼다. 39번씩 다섯 번이나 매를 맞는 고난도 겪었다. 돌팔매질을 당하고 사람들에게 핍박도 받았다. 복음을 전하기 위한 전도여

행에서 그는 수없이 많은 어려움을 경험했다. 바울의 속사람의 고백이다.

> 모든 성도 중에 지극히 작은 자보다 더 작은 나에게 이 은혜를 주신 것은 측량할 수 없는 그리스도의 풍성함을 이방인에게 전하고 엡 3:8

> 미쁘다 모든 사람이 받을 만한 이 말이여 그리스도 예수께서 죄인을 구원하시려고 세상에 임하셨다 하였도다 죄인 중에 내가 괴수니라 딤전 1:15

바울의 이 고백이 우리의 고백이 되고 우리의 속사람이 이와 같이 되어야 한다. 이렇게 예수님의 흔적이 우리 마음에 자리를 잡을 때, 우리는 언제 어느 곳에 가든지 자신의 부족함을 깨닫고 자신을 낮추면서 하나님 나라를 위한 사역의 길을 걸을 수 있다.

전도하는 사람들을 위해 기도해주고 칭찬으로 용기를 북돋아 주자. 가끔 맛있는 음식이 생기거나 좋은 물건이 생기면 함께 나누면서 사랑을 전한다면 더욱 힘차게 복음이 전해질 것이다. 어느 교회든 전도대원들이 재미있게 전도할 때 부흥하게 된다. 그러기 위해서는 먼저 전 교인이 하나 되어 열심히 복음을 전할 수 있는 여건을 만들어 주어야 한다. 우리 모두 옆에만 있어도 예수님의 향기가 묻어나는 사람이 되도록 노력해야 한다.

보상금으로 얻은 새 생명

나는 먼저 쓴 《아줌마 전도왕》이란 책에서 아파트 전도에 대해 상세히 언급했다. 그 책 이후 아파트 전도를 하면서 경험한 일들을 이번 책을 통해 나누고자 한다.

하나님이 죽음의 문턱에서 나를 살리신 후 완전하게 몸이 회복되지 않은 때였다. 계속해서 치료를 받던 중에 과천 A단지가 재개발 되어서 640여 세대가 입주하기 시작했다. 새 아파트에 입주할 때는 대개 입주 전에 이틀 정도 아파트를 개방해서 입주자들이 자신이 살 집을 미리 돌아볼 수 있도록 배려한다. 우리는 그 날을 집중 공략하기 위해 전도대원들을 2인 1조로 나누어 한 개 동씩 맡아 철저하게 관리하도록 훈련시켰다.

언제 이사를 오는지, 어디서 이사를 오는지, 어떤 종교를 가지고 있는지 등 호구조사를 면밀하게 한 후, 입주일에 맞춰 아파트 안에 테이블을 설치하고 음료와 과자 등을 준비해 놓았다. 그런데 문제가 생겼다. 아파트 조합원 대표들이 내게 와서 테이블을 치우라고 난리를 치는 것이었다. 나는 놀라서 왜 그러냐고 물었다. 그랬더니 같은 동네에서 어떻게 이럴 수가 있느냐며 조합원 대표들은 소리를 질렀다. 영문을 몰랐던 나는 당황할 수밖에 없었다.

문제의 발단은 아파트 건축과정에서 있었다. 우리 교회와 아파트가 거의 붙어 있다 보니 아파트를 건축하는 과정에서 과천교회의 식당 한쪽이 무너지고 장독대가 깨지는 등 여러 가지 피해가 났던 것이다. 그 돈이 수천만 원에 이르다보니 교회에서는 당연히 건축회사를 상대로 손해배상을 요구했던 것이다.

그때 교회는 조합을 상대로 손해배상을 청구하지는 않고 아파트를 지은 건축회사를 상대로 손해배상을 청구했던 것이다. 그런데 건축회사는 입주민에게 이 모든 부담을 떠안겼던 것이다. 어이없는 일이긴 하지만, 입주민들로서는 이 때문에 과천교회에 화가 나 있을 수밖에 없었다.

물질이 개입되니 사람들이 무서웠다. 경비를 시켜 교회에서 차려놓은 탁자를 발로 걷어차고 엎었다. 사람들이 얼마나 포악했던지 권사님들은 두려워서 어찌할 바를 몰라 했다. 조합원 대표들은 전도대원들을 따라다니면서 내쫓았다. 어쩔 수 없어서 이 사실을 목사님께 말씀드렸다.

"목사님, 수천만 원 때문에 돈으로 살 수 없는 교회 이미지가 손상되어서는 그곳에서 전도를 할 수 없을 것 같습니다."

그러자 목사님은 모든 것을 포기하자고 단번에 결정하셨다. 참 감사했다. 이 일을 알게 된 조합원들은 모두 기뻐했다. 모든 것을 포기했지만 그래도 몇 사람은 계속해서 전도를 못하게 방해하면서 전도대원들에게 나가라고 소리를 지르고 욕설을 퍼부었다. 하지만 포기하지 않고 열심히 전도한 결과 많은 열매를 맺게 되었다.

모든 전도대원들은 하루 종일 이사 오는 사람들을 기다리다가 그들이 단지 내로 들어오면 냉커피와 쓰레기봉투를 나눠주면서 전도했다. 모든 전도대원들이 하나가 되어서 열심히 전도했다. 얼마나 열정적으로 전도를 했는지 나를 포함해 전도대 대장부터 여러 전도대원들이 방광염에 걸려서 병원에서 치료를 받기도 했다. 그 결과 1개의 연합구가 탄생되었다.

내가 어느 아파트 단지 교구를 맡게 되었다. 교구를 좀 더 체계적으로 관리하라고 교회에서 사택을 주셨다. 그래서 그 아파트 단지로 이사 왔다. 신기하게도 우리 집 위층에 사는 이웃이 그 아파트 단지를 전도할 때 가장 핍박을 많이 한 사람이었다. 나는 이것이 우연이 아니라는 생각이 들었다. 분명히 하나님의 뜻이 있을 것 같았다. 그래서 그 사람과 관계를 쌓아가려고 마음먹었다.

그 집의 자녀는 세 명이었다. 막내는 조그마한 꼬마였다. 얼마나 뛰어다니는지 집에 있으면 '쿵쾅'거리는 소리가 끊이질 않았다. 그래도 윗집에 나쁜 이미지를 심어줄까봐 조용히 해달라고 한 번도 부탁한 적이 없었다.

그러던 어느 날이었다. 마침 엘리베이터에서 윗집 주인을 만났다. 아들과 함께 외출 후 집으로 돌아가는 길인 듯했다. 나는 웃으면서 윗집 아이에게 이렇게 말했다.

"네가 그렇게 뛰어다니던 꼬맹이구나?"

나는 웃으면서 이야기를 한 후 엘리베이터에서 내렸다. 그러고는 얼마 지나지 않아 길에서 우연히 위층의 아이 엄마를 만났다.

"저희 집 위층에도 이사를 왔는데 그 집 아이가 그렇게 뛰어다닐 수가 없어요. 너무 시끄러워요. 목사님도 저희 아이들 때문에 시끄러우시죠? 죄송해서 어떻게 해요?"

나는 웃으면서 "아이들인데 그럴 수도 있지요"라며 괜찮다는 말을 남기고 엘리베이터에서 내렸다. 그 다음부터는 윗집 주인과 친하게 지내게 되었다. 서로가 편안한 이웃이 되었다. 그래서 시간 있으면 교회에 오셔서 국수도 한 그릇 드시라고 권했더니 다음날에는 교회에 와서 국수도 먹고 갔다. 아무리 교회를 핍박하는 사람이라도 좋은 이미지를 심어주는 것이 중요하다. 이후 그 아파트 단지에는 우리 교회 성도들도 많이 이사 왔지만 새롭게 등록해서 과천교회 교인이 된 사람들도 무척 많았다.

아울러 아파트 관리소장들과 친하게 지내는 것도 중요하다. 그래야 전도를 쉽게 할 수 있다. 아파트 주민을 전도할 때 관리소장들의 힘이 한 몫 한다. 그러면 아파트 관리소장들과 어떻게 친분을 쌓을 수 있을까? 볼 때마다 웃으면서 인사하고 맛있는 것도 갖다드리는 것이 중요하다. 그리고 그들이 뭔가를 부탁할 때 기회를 놓치지 말고 그 필요를 채워줘야 한다.

한 번은 이런 일이 있었다. 어느 날 아파트 관리소장이 나를 불렀다.

"목사님, 노인정을 개관하는데 교회에서 음식을 좀 해주실 수 있겠습니까?"

나는 흔쾌히 그렇게 해드리겠다고 말했다. 그러고는 전도대원들과 의논해서 정성껏 진수성찬을 차렸다. 할머니, 할아버지들은 음식을 너무나 맛있게 드시고 내 손을 잡으면서 감사하다고 몇 번씩이나 인사말을 건넸다. 뿐만 아니라 노인정에서는 감사의 뜻으로 교회에 오셔서 감사패를 전달하셨다. 그리고 아파트 노인들 중에서 교회에 나오는 분들이 늘었다.

이렇게 사람들의 필요를 채워주고 좋은 이미지를 심어줄 때 전도의 씨앗은 싹을 틔우고 하나님을 믿는 역사가 일어난다.

조 사장의 마음을 열고

과천에 재건축 한 아파트 단지에 이어 의왕에도 아파트가 입주한다는 소식이 들려왔다. 우리는 기도하면서 본격적으로 전도 준비를 하기 시작했다. 입주는 7~8월에 집중적으로 예정되어 있었다. 날씨가 한창 더울 때여서 과천에 재건축 한 아파트와 함께 의왕까지 전도하려면 대원들의 체력이 한계에 부딪치지는 않을까 걱정이 이만저만이 아니었다.

그러던 어느 날 기도하는 가운데 하나님께서 지혜를 주셨다. 입주하는 아파트 앞에 있는 상가를 두 달 동안 세를 얻어서 전도대원들이 쉴 수 있는 휴식공간을 만들어 보자는 아이디어였다. 그 생각을 목사님께 의논드렸더니 너무 좋은 생각이라며 적극 추진해보라고 허락하셨다.

그러나 처음 생각과는 달리 휴식공간을 만드는 게 쉽지 않았다. 의왕 아파트 주변에 있는 모든 부동산을 찾아다니며 두 달만 빌릴 수 있는 상가를 찾았지만 결국 구하지 못했다. 며칠을 고민하고 있는데 마침내 한 부동산에서 연락이 왔다. 한걸음에 달려가 계약을 했다. 마침 누가 버린 에어컨도 구하게 되어서 에어컨과 냉장고, 제빙기를 설치했다. 그랬더니 그곳이 시원하고 편안한 전도대 아지트로 탈바꿈했다.

커피와 쓰레기봉투 등 전도할 때 꼭 필요한 준비물을 모두 갖춘 후 각 조별로 동에 배치했다. 아파트 입주가 시작되니 20여 개의 교회에서 전도를 시작했다. 그때 우리 전도대의 휴식공간이 다른 교회의 부러움의 대상이 되었다. 우리 아지트는 너무나 시원했다. 전도대원들도 그곳을 '피서지'라고 부르면서 전도하는 여름 내내 열심히 드나들었다.

입주가 본격적으로 시작되니 각 교회마다 전도 경쟁이 치열했다. 각 교회마다 더 많은 사람들을 전도하기 위해 욕심을 내다보니 아파트 단지 내에는 전도 쟁탈전이라고 부를 만큼 많은 전도대들이 활동하고 있었다. 그런데 그곳에는 교회 전도대만 있는 것이 아니었다.

"이사용품 팔아요. 열쇠, 블라인드 저렴하게 파니 사가이소."

인상이 험악한 남자 여럿이 굵직한 목소리로 외치고 있었다. 입주민을 상대로 조직폭력배들이 열쇠와 블라인드를 팔고 있었다. 그런데 너무 많은 전도대원들이 아파트 입주민을 상대로 전도를 하다 보니 장사에 방해가 되었나 보다.

"저리 안 꺼져? 장사 방해하지 말고 집으로 돌아가란 말이얏!"

우두머리로 보이는 한 남자가 쇠파이프와 야구 방망이를 휘두르며 전도대에게 온갖 욕설을 퍼부었다. 그리고 어떤 교회가 전도하기 위해 펴놓은 탁자도 다 때려 부셨다. 나중에는 전도대가 아예 들어오지 못하게 자기 부하들을 각 아파트 동마다 배치해놓았다.

"한 번만 더 전도를 하면 죽이거나 병신을 만들어 놓을 테니 그렇게 아셔!"

그는 전도대에게 단단히 엄포를 놓았다.

"저 남자 왜 저래요? 무서워서 전도를 할 수가 없어요!"

"집사님, 조용히 얘기해요. 저 사람들한테 잘못 걸리면 큰일 치를 것 같아요!"

많은 교인들이 무서워서 서로 얼굴만 쳐다볼 뿐 누구하나 그 남자 앞에 나서지 못했다. 나는 기도한 후 그 사람 앞으로 나갔다.

"저는 과천교회 목사입니다. 장사하는 데 방해가 되었지요? 너무 죄송합니다."

그러자 그는 소리를 지르면서 나를 위협했다.

"과천교회 목사면 어떻게 하라고? 주변에서 얼쩡대지 말고 썩 꺼져버려."

주변이 조용해졌다. 그 자리에서 그 남자가 하는 욕설과 고함을 얌전히 다 들었다. '어떻게든 이 사람의 마음을 열어야 전도를 할 수 있겠구나.' 내 마음속에는 오로지 이 생각뿐이었다. 남자는 한동안 욕설을 퍼붓더니 조금씩 화를 가라앉히기 시작했다.

"목사님, 그냥 가이소. 저도 교회 다니는 놈입니다."

그 일이 있고부터 우리는 그 우두머리를 매일 찾아갔다. 전도대원들을 시켜서 점심으로 보신탕도 시켜주고 빵과 음료 등 먹을 게 생기는 대로 갖다 주며 그들의 마음을 달랬다. 그러던 중 전도 대상자를 만나기 위해 의왕 아파트로 가는 길에 한 꼬마 아이와 함께 걸어가는 우두머리와 우연히 길에서 마주쳤다.

"사장님, 이 아이는 누군가요?"

"제 아들입니다. 여름방학이라서 잠깐 놀러온 거예요."

나는 아이의 머리를 쓰다듬으면서 말했다.

"너 아빠를 닮아서 정말 잘생겼구나. 어쩜 이렇게 잘 생긴 아들을 두셨어요? 너는 훌륭한 아빠를 두어서 참 좋겠구나."

그랬더니 그 남자의 얼굴이 벌겋게 상기되었다.

"아이, 뭘요."

우두머리는 머리를 긁적이며 말했다. 나는 이때다 싶어 주머니에서 돈을 꺼내 아이의 손에 얼른 쥐어주었다.

"고맙습니다. 목사님!"

남자는 어쩔 줄을 몰라 하더니 곧이어 나를 향해 고개를 꾸벅 숙였다. 다음날 길에서 그 남자를 또 만났다. 그는 내게 다가와 말을 걸었다.

"목사님, 제가 사람들 이사 오면 먼저 들어가서 장사를 하고 나올 테니 그 다음에 목사님 교회 전도대원들을 들여보내세요."

하얀 이를 드러내며 순진하게 웃으면서 그는 말했다. 그 이후로 다른 교회 전도대들은 그 남자 몰래 단지 내로 들어가느라 고생했지만 과천교회만은 당당하게 아파트로 들어갔다. 덕분에 의왕 아파트가 교회에서 먼 거리였지만 많은 열매를 맺을 수 있었다.

어느 날이었다. 심방을 다녀온 후 전도하기 위해 아파트 단지로 향했다.

"목사님, 오늘 또 난리가 났었어요. 겁나서 전도를 못하겠어요."

"집사님, 무슨 일 있었나요?"

"목사님, 말도 마세요. 오늘 송장 치를 뻔 했습니다."

의왕 아파트로 처음 전도를 하러 온 교회가 있었다. 그 교회가 아파트 단지 내에서 전도를 하려고 하니 조폭들이 방해를 했다. 상황을 전혀 몰랐던 그 교회 전도대가 조폭들에게 대들었다. 그러자 그 우두머리가 전도대를 향해 욕을 하면서 야구 방망이를 휘둘렀던 것이다. 상황을 전해들은 나는 목사님 한 분과 그 남자를 찾아갔다. 그 남자는 화가 머리끝까지 나서 씩씩대고 있었다.

"조 사장님, 왜 그러세요?"

나는 이렇게 말하면서 그를 달랬다. 내 말을 들은 우두머리의 표정이 갑자기 험악하게 바뀌었다. 옆에 있던 목사님이 내 옆구리를 탁 치셨다. 그제서야 '아차, 큰일 났구나' 싶었다. 어쩔 줄 몰라 하는 내 모습을 보더니 그는 슬쩍 다른 이야기로 넘어갔다.

"목사님, 주일날 아까 그 교회에 아이들 데리고 가서 설교하는 목사님 강단을 빼앗고 교회를 엉망으로 만들 겁니다."

"그것만은 안 됩니다. 하나님이 기뻐하지 않으실 겁니다. 참으세요."

그를 달랬다.

"목사님, 알았습니다. 걱정 마이소."

그는 화를 삭이면서 대답했다. 조폭이라서 조 사장이라고 부르던 것이 습관이 되어 나도 모르게 실언을 한 것이었다. 나는 한참 동안이나 그 남자의 마음을 달래다가 돌아왔다. 나중에 알고 보니 그의 성은 김 씨였다. 우리 전도대원들에게 그 이야기를 해주니 다들 배를 잡고 웃었다.

"목사님, 살아 돌아오신 게 다 하나님의 은혜입니다."

그 무덥던 여름, 쉴 새 없이 전도하는 가운데 많은 것을 배웠다. 전도는 그런 힘든 상황에서도 열심히 최선을 다하면 하나님이 도와주신다는 것을 확실히 깨달을 수 있었다.

chapter 02
한 사람을 소중히 여기는 마음

내가 너희에게 이르노니 이와 같이 죄인 한 사람이 회개하면 하늘에서는
회개할 것 없는 의인 아흔아홉으로 말미암아 기뻐하는 것보다 더하리라 눅 15:7

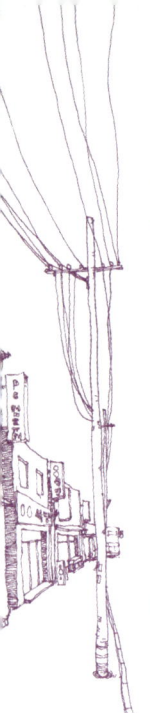

양을 찾아 헤매는 마음처럼

모든 세리와 죄인들이 말씀을 들으러 가까이 나아오니 바리새인
과 서기관들이 수군거려 이르되 이 사람이 죄인을 영접하고 음
식을 같이 먹는다 하더라 예수께서 그들에게 이 비유로 이르시
되 너희 중에 어떤 사람이 양 백 마리가 있는데 그 중의 하나를
잃으면 아흔아홉 마리를 들에 두고 그 잃은 것을 찾아내기까지
찾아다니지 아니하겠느냐 또 찾아낸즉 즐거워 어깨에 메고 집에
와서 그 벗과 이웃을 불러 모으고 말하되 나와 함께 즐기자 나의
잃은 양을 찾아내었노라 하리라 내가 너희에게 이르노니 이와
같이 죄인 한 사람이 회개하면 하늘에서는 회개할 것 없는 의인

아흔아홉으로 말미암아 기뻐하는 것보다 더하리라 눅 15:1-7

교회의 부흥은 한 사람으로부터 시작된다. 한 명을 소중히 여길 때 1백 명이 되고 1천 명이 된다. 예수님도 한 마리의 잃은 양을 소중히 여기셨다. 전도를 하다 보면 한 사람을 교회에 데려오는 것이 얼마나 힘든 일인지 절감하게 된다. 전도대원들은 한 명을 찾아 얼마나 헤매는지 모른다. 하지만 한 명이라도 등록시키는 날에는 천하를 다 얻은 듯한 기쁨을 누리면서 교회로 돌아온다.

여섯 살이었던 딸을 잃어버린 일이 있었다. 친정어머니에게 아이를 맡겨놓고 급한 볼일을 보고 집으로 들어오니 딸이 보이지 않았다. 집안 식구들이 얼마나 아이를 찾아 헤맸는지…. 파출소에 신고하고 우리 동네뿐만 아니라 옆 동네까지 샅샅이 찾아 헤맸다.

"혹시 조그마한 여자 아이 못 보셨습니까?"

나는 큰 길에서 지나가던 남자에게 6살짜리 여자 아이를 못 봤느냐고 물었다.

"여자 아이요? 조금 전에 어떤 여자 아이가 트럭에 치여 병원에 실려 갔어요."

그때부터 나는 제정신이 아니었다. 아들이 하늘나라로 간지 얼마 안 된 때였기 때문에 더 심한 충격을 받았다. 거의 미친 사람처럼 온 동네를 뒤지고 다녔다. 눈물, 콧물이 범벅이 된 얼굴로 병원마다 전화를 하고 다녔다. '혹시 잘못돼서 차가 뺑소니로 도망가고 아이를 내다버렸으면 어떻게 하나?' 이런 나쁜 생각이 내 마음에 가득 찼다.

그렇게 4시간을 찾아다녔지만 아이의 행방은 묘연했다. 미친 사람처럼 뛰어다니다가 가쁜 숨을 몰아쉬며 집으로 돌아왔다. 혹시 연락 온 게 없는지 궁금해서였다.

"선영이 찾았어! 중국집에서 연락이 와서 아버지가 지금 데리러 나갔어."

그 말을 들으니 그동안 참았던 울음이 탄식과 함께 터져 나왔다. 아이는 마당에서 혼자 놀다가 아빠가 늘 사주던 자장면 생각이 났던 모양이었다. 혼자서 큰길가에 있는 중국집에 들어가서 주인에게 자장면 한 그릇을 달라고 했다. 중국집 주인은 아는 집 아이였기 때문에 자장면 한 그릇을 주었다고 한다. 주인은 너무나 바쁜 점심 시간이었기에 아이에게 신경을 쓰지 못했다. 바쁜 시간이 모두 지나가고 한숨 돌리고 있는데 아이 혼자 식당에서 놀고 있는 모습이 보였다. 그때서야 아이의 부모님이 걱정할 것이라는 생각이 불현듯 들어 급히 전화를 한 것이다.

한참 후에 아버지가 아이를 데리고 오셨다. 아이가 아버지와 함께 대문으로 들어오자마자 아이를 붙들고 얼마나 울었는지 모른다. 얼마 후 조금 정신을 차린 후 내 모습을 보았다. 몰골이 참으로 가관이었다. 한 짝은 슬리퍼, 한 짝은 샌들로 신발을 짝짝이로 신었고, 얼마나 울었는지 눈은 퉁퉁 부어 있었다. 그 날을 돌이켜보면, 그 날 나는 모든 것을 걸고 딸을 찾아 헤맸다는 것만 기억에 남는다. 우리도 이런 심정으로 전도 대상자들로 하여금 주님을 만나게 해야 한다. 잃어버린 딸을 찾는 심정으로 온 세상을 다 뒤져서라도 하나님의 자식을 그분에게 돌아오도록 만들어야 한다.

다윗이 찾아 헤맨 양처럼

다윗은 이스라엘을 모욕하는 골리앗을 보고 자신이 나가 싸우겠다고 사울 앞에서 말한다. 목동으로 아버지의 양을 지킬 때 다윗은 사자나 곰이 와서 양을 물어 가면 따라가서 그 입에서 양을 건져 냈다. 또 그것들이 일어나 자신을 죽이려 하면 그 수염을 잡고 쳐죽였다. 다윗은 아버지의 양을 지키기 위해서 자신의 생명도 아끼지 않았다. 양의 새끼를 구하기 위해서 사자와 곰 같은 포악한 동물과도 싸웠다. 양을 구하는 것이 자신의 생명을 지키는 것보다 더 중요하다고 생각한 다윗의 심정을 우리도 가져야 한다. 양 한 마리를 잃어버리면 그 양을 찾아 온 산을 헤매는 성실한 다윗의 모습을 하나님은 사랑하시지 않았을까?

잃어버린 한 마리의 양을 찾았을 때 그의 몸은 상처가 깊었을 것이고 온 몸에 피가 흘렀을 것이다. 옷은 갈기갈기 찢어졌을 것이다. 하지만 다윗은 그런 것에 개의치 않았다. 오직 잃었던 양을 되찾은 기쁨과 행복이 더 컸을 것이다. 그 모습을 하나님은 기뻐하셔서 사랑하는 이스라엘을 지키라고 다윗을 왕으로 세우셨던 것이다. 전도자의 자세도 이와 마찬가지여야 한다. 죽어가는 영혼을 바라보면서 안타까운 심정으로 그들에게 다가설 때 거기에서부터 생명의 역사가 새롭게 시작된다.

13년 전의 일이다. 교회 등록만 해놓고 주일날 출석을 하지 않는 젊은 부부가 있었다. 교회에 자주 결석하지 말라고 당부하기 위해서 그 집으로 심방을 갔다. 그 집에 도착해서 부부를 만났다. 아이 엄마의 손을 잡고 울면서 기도했다. 주일날 꼭 교회에 나오도록 권면하는 것도 잊지 않았다. 하지만 그 부부는 교회에 나오는 것보다 세상의 것들을 더 좋아했다. 그 부부는 주일날 교회를 빠지고 자녀를 데리고 청평으로 나들이를 갔다. 그런데 불행하게도 집으로 돌아오는 길에 기차 길을 지나다가 기차가 오는 것을 미처 보지 못해서 큰 사고를 당하게 되었다. 부부는 그 자리에서 즉사해서 다시는 교회로 돌아오지 못하게 되었다.

이 소식을 들은 나는 채 권사님과 새벽 예배를 마치고 방지거 병원 영안실로 향했다. 두 사람의 시신을 봤을 때의 그 모습은 말할 수 없이 처참했다. 얼굴이 모두 뭉개져서 눈도 없고 코도 없었다. 두개골은 다 쪼개져 있었다. 몸 안의 내장은 모두 밖으로 흘러나와 있었다. 그 비참한 모습에 불쌍해서 울고, 진작 부부를 하나님께 데리고 오지 못했다는 죄책감에 또 한 번 울었다.

'좀 더 일찍 그 가정에 찾아가서 하나님의 말씀으로 양육했더라

면…, 그들의 심령 안에 주님이 계셨더라면…, 이런 비참한 죽음은 비켜가지 않았을까?'

이런 생각에 눈물이 나와 서 있기가 힘들 지경이었다. 부부의 비참한 죽음을 보면서 하나님께 기도했다.

"하나님 앞으로 제가 사역하는 가운데 이러한 아픔의 순간이 다시는 없도록 해주세요."

그 부부를 보면서 영혼을 살리는 일이 얼마나 중요한지 새삼 깨달았다. 그리고 한 사람, 한 사람의 생명을 살리는데 최선을 다할 것을 다시 한 번 다짐했다. 그 사건 이후 전도부와 새가족부를 양육하는데 더욱 힘쓰고 있다. 아무리 복음이 전해져서 교회에 등록해도 양육이 되지 않아서 그 부부처럼 교회에 잘 나오지 않는다면 아무런 소용이 없다. 또 교회만 나오는 것이 아니라 하나님을 영접하고 그분을 내 구주로 모셔야 비로소 하나님의 사람으로 거듭날 수 있다. 그래야 이런 비참한 죽음을 피할 수 있다.

제대로 된 양육으로 하나님 앞에서 한 사람 한 사람이 세워져 성전 안이 채워지는 모습을 바라볼 때마다 나의 노력이 헛되지 않았다는 생각에 얼마나 행복하고 감사한지 모른다.

여호와가 뿌린 밀알 하나로

"오늘 3단지에 전도하러 갔어요. 그런데 그 집 딸이 우는 것이 아니라 괴성을 지르고 있었어요. 목사님이 한 번 심방 좀 해주셔야 겠어요."

하 권사님이 전도를 마치고 교회로 돌아오자마자 내게 심방을 부탁했다. 그래서 나는 하 권사님과 함께 그 집으로 향했다.

"안녕하세요? 과천교회에서 나왔습니다."

그 아이의 엄마는 쌀쌀맞게 우리를 맞았다. 낯선 사람이 집에 오니 아이가 다시 울기 시작했다. 소리를 고래고래 지르며 우는 것이 괴성에 가까웠다. 나는 아이를 이대로 두면 안 될 것 같다는 생각이 들었다.

5살짜리 여자 아이였다. 아이는 한 번 울기 시작하면 악을 쓰면서 2~3시간은 기본이고, 또 그 소리가 어찌나 큰지 동네가 다 떠나갈 정도였다. 자폐증세가 있어서 그 나이가 되도록 아직까지 말하는 것이 서툴렀다. 아이를 보자마자 그 아이(지현) 엄마에게 함께 예배를 드리자고 권했다. 처음에는 망설이던 지현이 엄마도 아이가 너무 악을 쓰며 심하게 우니 지푸라기라도 잡는 심정으로 승낙했다. 그런데 신기하게도 예배를 드리고 기도하는 가운데 아이의 울음이 멈추었다. 지현이 엄마가 그 모습을 보자 우리를 대하는 태도가 180도 달라졌다. 기도를 마친 우리는 매일 함께 예배를 드리기로 약속하고 교회로 돌아왔다.

다음날부터 지속적으로 그 가정을 방문해서 예배를 드렸다. 하나님은 그 가정을 무척 사랑하셨던 모양이다. 하나님은 지현이를 불쌍히 여기셔서 그 울음을 그치게 하셨던 것이다. 아직 서툴렀지만 말하는 것도 조금씩 나아지기 시작했다. 이런 치유의 역사가 일어나자 아이의 엄마는 물론이고 아빠까지 예배를 드리기 시작했다. 곧 이 가정이 교회에 나오기 시작했다. 하 권사님과 나는 그 가정을 위해 수개월 동안 온갖 사랑을 베풀고 기도했다. 이런 섬김으로 이 가족이 하나님께 돌아오게 되었다. 또한 지현이가 치유되는 과정을 옆에서 지켜보던 이웃 중 감동받은 세 가정이 교회에 등록하는 행복한 역사가 일어났다.

한 번은 이런 일도 있었다. 임 권사님과 함께 갓 결혼한 새댁 집에 심방을 갔다. 집으로 들어서는 순간 새댁의 얼굴에 어두움이 깊게 드리워져 있는 것을 볼 수 있었다. 무슨 고민이 있는 듯 했다. 나는 이유를 물어보았다. 새댁은 나에게 그간 있었던 사연을 설명해 주었다.

"결혼하면서 박제된 거북이를 선물로 받았어요. 그래서 그 거북이를 거실 선반에 장식용으로 놓아두었습니다. 그러던 어느 날이었어요. 점심식사를 마치고 몸이 나른해서 거실에 누워있었는데 갑자기 선반 위에 놓여 있던 거북이의 눈에서 빨간 빛이 나왔어요. 그날 이후부터 빨강색을 보면 무서워서 견딜 수가 없어요."

거북이의 눈에서 빨간 빛을 본 순간부터 고춧가루, 김치, 토마토 등의 음식은 말할 것도 없고 빨간 색이 들어간 물건은 모조리 피하고 있다는 것이었다. 그 집에는 성령이 아니라 마귀가 역사하고 있었다. 나는 새댁에게 매일같이 그 집에 들러서 복음을 전하고 함께 예배드리겠다고 말했다. 그리고 한참을 기도한 후 그 집에서 나왔다.

새댁의 집에 갈 때마다 교회에 나가자고 권면을 해서 새댁이 교회에 나오기 시작했다. 교회에 나오고 얼마 지나지 않아 빨강색을 두려워하는 마음의 병이 씻은 듯이 나았다. 신앙생활을 열심히 하는 가운데 치유의 역사가 일어난 것이다. 이 모습을 보면서 하나님의 놀라운 능력은 어디까지인지 그 크기를 감히 상상할 수조차 없다는 것을 깨달았다. 하나님의 능력은 죽을 자까지 살리실만큼 크다는 것을 말이다. 심령이 허약한 사람들은 예수님을 붙잡아야 한다. 믿음의 사람이 되면 비로소 어떤 두려움이 와도 극복할 수 있는 힘을 갖게 된다.

이런 치유의 역사를 경험하면서 나는 항상 하나님께 감사의 기도를 드리는 것을 잊지 않았다. 이른 새벽 교회로 향했다. 교회당에 무릎을 꿇은 나는 하나님께 감사의 기도를 올리기 시작했다.

"하나님, 치유의 능력을 갖게 해 주셔서 감사합니다."

내가 기도하는 대로 하나님께서 응답해 주셨다. 아무리 생각해도 너무나 신기했다. 그때 깨달은 것은 내가 능력이 많아서가 아니라 성령님이 역사하셔서 이 일을 해내게 하셨다는 것이다. 오로지 한 영혼을 불쌍히 여겨 사랑과 관심을 쏟고 눈물을 뿌려가며 기도할 때 하나님께서 역사하신다. 또한 병들고 연약한 자들에게 다가가 그리스도의 사랑을 전하는 것을 일시적으로 할 것이 아니라 그들이 온전히 세워지기까지 옆에서 짐을 나눠 져야 한다. 그 세월이 때로는 몇 개월, 몇 년이 걸릴 지는 알 수 없다. 하지만 그 세월을 꽤 넘치 않고 끝까지 사랑을 나눠주고 지켜주고 보살펴 주면서 하나님에 대한 사랑과 신앙을 전하는 것이 우리 믿는 자들의 사명이다.

노량진교회 전도대원들은 추운 겨울이나 더운 여름에도 하루도 빠지지 않고 열심히 전도 현장에서 복음을 전한다. 모든 전도대원들이 힘이 들 때 항상 주님의 못 자국 난 손을 붙드는 줄로 안다. 전도의 어려움을 극복하고 열정적으로 복음을 전하는 그들의 모습, 이 세상에서 가장 아름다운 모습을 볼 때면 나의 눈에 뜨거운 눈물이 흐른다.

PART 3
긍휼의 하나님

chapter 01
단장(斷腸)의 아픔으로 오시는 하나님

어머니가 자식을 위로함 같이 내가 너희를 위로할 것인즉
너희가 예루살렘에서 위로를 받으리니 사 66:13

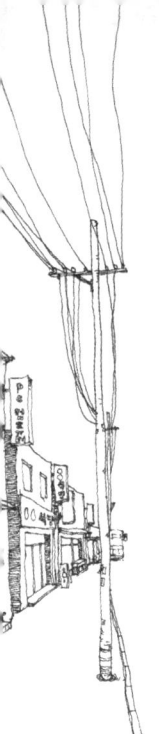

긍휼히 여김을 받고

긍휼히 여기는 자는 복이 있나니 그들이 긍휼히 여김을 받을 것임이요 마 5:7

어느 날 마태복음 5장에 있는 팔복을 묵상했다.

"심령이 가난한 자는 복이 있나니 천국이 그들의 것임이요 애통하는 자는 복이 있나니 그들이 위로를 받을 것임이요 온유한 자는 복이 있나니 그들이 땅을 기업으로 받을 것임이요 의에 주리고 목마른 자는 복이 있나니 그들이 배부를 것임이요"

여기까지는 뜻이 이해되었다. 하지만 '긍휼히 여기는 자'라는 구절을 묵상할 때는 뜻이 내 마음에 와 닿지가 않았다. '불쌍하다'는 표면적인 뜻보다 더 깊은 뜻이 있을 것 같았다. 곧바로 서점으로 달려갔다. 긍휼에 관한 책을 모조리 사다가 읽기 시작했다. 하지만 내 마음속에 '이것이다'라는 생각이 드는 책을 찾지 못했다.

그러던 어느 날이었다. 서점 책장 모퉁이에 꽂혀 있는 작은 책자 하나를 발견했다. 그 책을 읽는 순간 긍휼의 의미에 대한 해답을 얻을 수 있었다. 그 책은 긍휼을 이렇게 설명했다.

> "긍휼이란 내가 살아가면서 가장 힘들고 어려울 때 나만 홀로 있는 것이 아니라 주님이 나보다 더 아파하는 모습으로 내 곁에 오셔서 나를 안아주시고 위로하시고 아픈 곳을 싸매주시는 것이다."

내가 아파할 때 나보다 더 아픈 모습으로 오시는 하나님은 단장(斷腸)의 아픔으로 내게 오셔서 나를 위로하신다고 했다. 창자가 끊어질 정도의 큰 고통이란 대체 어느 정도의 아픔을 의미하는 것일까? 그 책을 읽다가 갑자기 아팠던 과거의 기억이 떠올랐다.

30년 전의 일이다. 나는 3대째 신앙이 깊은 기독교 집안에서 태어났지만, 결혼 후에는 귀찮아서 교회를 하루 이틀 빠지다가 나중에는 가는 시늉만 했다. 결국은 교회에 발길을 끊었다. 교회 가는 것이 너무 싫고 귀찮았다. 교회보다는 세상이 더 좋았다. 물질적으로 부족함 없이 살다보니 세상의 재미를 추구하면서 세상 친구들을 가까이 하였다.

큰딸이 태어나고 몇 년 후 둘째 아들을 얻게 되었다. 아들을 임신하고 어느 날부터인가 밤마다 악몽에 시달렸다. 밤이 되면 나쁜 꿈을 꿀까봐 잠자리에 들기가 두려웠다. 어떨 때는 똑같은 꿈을 일곱 번이나 꾼 적도 있었다. 꿈속에서 나는 항상 드라큘라로 변했다. 이빨은 길쭉하게 튀어나오고 입에서 피가 뚝뚝 흘렀다. 하루는 언니가 집으로 놀러 와서 그 꿈에 대해 털어놓았다. 신앙생활을 오래했던 언니는 이 꿈이 그냥 지나쳐서는 안 될 꿈이라고 했다. 하나님이 나에게 교회에 나가도록 보낸 경고의 메시지 같다고 했다.

계속된 악몽으로 심신이 지칠 대로 지친 나는 힘든 나날을 보내고 있었다. 하지만 다행히도 건강하게 아들을 낳고 행복한 생활을 지속할 수 있었다.

세월이 흘러 아들이 3살이 되던 무렵이었다. 하루는 언니가 집으로 놀러왔다. 언니와 한참 이야기하던 중 언니는 불현듯 나에게 이런 말을 하는 것이었다.

"교회에 얼른 나가. 정말 교회 안 나가면 네 아들을 하나님이 데려가실 거야."

평소 교회를 나가지 않았던 나를 걱정스러운 시선으로 지켜보던 언니가 나에게 교회에 나가라고 간곡하게 권했다. 하지만 그 말을 듣는 순간 나는 화가 머리끝까지 치솟았다. 그래서 언니와 심한 말다툼을 벌였다. 화를 내는 나에게 언니는 자신이 왜 그런 말을 갑자기 했는지 모르겠다며 사과했다. 하지만 너무 화가 난 나는 우리 집에 다시는 오지 말라고 소리치면서 언니를 집으로 돌려보냈다.

일주일이 흘렀다. 갑자기 아들의 머리가 커지는 것이 아닌가! 아들 승규의 손을 잡고 강남성모병원으로 갔다. 신경외과 담당 선생님이 CT 촬영과 필요한 여러 가지 검사를 모두 마친 후 검사 결과를 얘기해 주었다.

"어머님, 승규는 뇌수종이라는 병에 걸렸습니다. 사람은 뇌에 나쁜 물이 생깁니다. 그 물이 뇌에서 몸으로 빠져나가는데 승규는 그 관이 막힌 겁니다. 관이 막히면 물이 흐를 데가 없고 결국 머리에 물이 차서 뇌가 커지는 거예요. 하지만 관이 막혔다고 그것을 뚫으면 아이는 죽습니다."

"선생님, 그럼 우리 승규는 어떻게 되는 거예요?"

울먹이는 나에게 의사는 다시 말했다.

"승규의 뇌에 고무관을 심은 후 배를 통해서 요도 쪽으로 연결해서 물을 빼내야 합니다. 문제는 고무줄을 평생 지니고 살아야 한다는 것입니다."

그 말을 듣자 얼마나 가슴이 아픈지…, 하염없이 흐르는 눈물을 주체할 수가 없었다. 아들의 수술이 시작됐다. 평소 교회를 다니지 않던 남편은 아들을 살려 달라고 성모병원에 있는 기도실에 들어가서 간절히 기도했다. 나는 기도하는 남편에게 화를 냈다. 나는 그때까지도 하나님을 원망하기만 했다. 하나님이 계시다면 이럴 수는 없는 거라는 생각이 들었다.

'하나님, 왜 저에게 이런 시련을 주십니까? 절대 용서하지 않을 거예요.'

끝까지 하나님에 대한 원망과 비난만 쏟아내었다. 긴 수술 끝에 승규는 중환자실로 옮겨졌다. 다행히도 아들의 머리가 원래대로 되돌아 와 있었다. 승규의 몸 위에는 하얀 천이 덮여져 있었다. 천을 들어보니 살갗 안에 핏줄처럼 노란 고무줄이 목 뒷부분부터 배까지 연결되어 있는 것이 훤히 비쳤다.

아들의 머리부터 배까지 노란 고무줄이 감겨 있는 것을 보니 얼마나 가슴이 아픈지 숨조차 쉴 수 없었다. 고무줄이 손에 걸리는 느낌이 들 때마다 큰 상처가 되었다. 아들을 붙들고 얼마나 대성통곡을 했는지 모른다. 아무리 몸부림치며 울어도 가슴에 맺힌 응어리는 쉬 가라앉지 않았다.

긍휼을 베푸신 어머니

수술 후 아들의 몸이 회복되어서 집으로 돌아왔다. 집에서 아들을 목욕 시키던 어느 날이었다. 안방에 목욕물을 받아 놓고 남편이 승규의 목욕을 시키겠다고 했다. 아들 사랑이 남달랐던 남편은 승규가 태어난 후 매일같이 승규의 목욕을 도맡아 했다. 목욕을 시키기 위해 남편이 아이의 옷을 벗기는 순간, 승규의 몸을 따라 흐르는 고무줄이 노랗게 비쳤다. 그 순간, 남편은 아들의 목욕을 도저히 시킬 수가 없었던지 울면서 방을 뛰쳐나갔다. 나 역시 아들 몸에 있는 고무줄을 본 순간 목욕은커녕 마음이 아파서 아들의 몸조차 만질 수 없었다. 결국 친정어머니가 승규를 씻겼다.

그런 세월이 흘러 큰딸이 결혼을 했다. 어느 날 첫 외손자를 데리고 왔는데 감기가 걸려서 코가 막혀 있었다. 코로 숨을 쉬지 못해 입으로 '쎄엑, 쎄엑' 소리를 내면서 숨을 들이쉬는데 얼마나 가슴이 아프던지…. 아이를 안고 밤새 기도했다. 그러다가 문득 친정어머니가 생각났다.

나는 외손자가 코감기에 걸려서 힘들어 하는 모습을 보는 것조차 안쓰러운데 어머니는 어땠을까? 승규 몸의 고무줄을 보고 아이의 목욕을 시키지 못하는 딸과 사위를 위해 자신의 아픔을 숨긴 채 이를 악물고 손자를 씻기신 어머니. 그때는 어머니가 가슴이 아프실 것이라는 생각을 하지 못했다. 그저 내 아픔만으로도 너무 벅차서 어머니의 아픔은 생각도 하지 못했다. 자식을 위해 모든 아픔을 참아가며 희생한 어머니의 사랑, 그것이 바로 긍휼이 아닐까 생각해 보았다. 나는 그날 처음으로 어머니께 용서를 빌었다. 어머니를 큰소리로 부르며 얼마나 울었는지 모른다.

수술이 끝난 지 보름이 지난 어느 날, 승규의 머리는 다시 커지기 시작했다. 잇몸에서 줄줄 피가 흘렀다. 승규를 데리고 급히 병원에 가서 검사를 다시 받았다.

"승규의 몸은 건강합니다. 그런데 수술한 고무줄이 너무 굵어서 머리에서 물이 너무 많이 빠져나갑니다. 물이 빠져 나간 빈 공간에 피가 차오른 것입니다. 얼른 좁은 고무줄로 교체하는 수술을 다시 해야 할 것 같습니다. 승규 어머님, 입원 수속을 밟으세요."

의사 말에 따라 급히 입원 수속을 밟았다. 몇 시간 후 승규의 2차 수술이 시작되었다. 수술실에 들어가면서 승규는 나를 향해 손을 흔들었다. 나는 마음을 졸이면서 수술실 앞에서 수술이 잘되기만을 빌고 있었다. 수술이 끝나고 승규는 중환자실로 옮겨졌다.

그러고는 한 달이 흘렀다.

그날도 어김없이 나는 중환자 대기실에 앉아 있었다. 스피커를 타고 나를 다급히 찾는 음성이 들려왔다.

"이승규 보호자 중환자실로 오세요."

나는 급히 중환자실로 달려갔다.

"오늘이 마지막입니다. 들어가셔서 아들과 마지막 작별인사를 나누세요."

의사가 아들의 죽음을 알렸다. 중환자실로 들어섰다. 아들의 온 몸이 하얀 시트로 덮여 있었다. 시트를 걷어내면서 나도 모르게 이런 기도가 흘러 나왔다.

"하나님, 만약 천국이 있다면 우리 아들을 꼭 천국으로 인도해

주세요."

    그때까지 나는 하나님이 살아 계시다면 왜 우리 아들을 아프게 하느냐며 원망만 했다. 하지만 이제는 아들의 마지막 길을 하나님께 부탁했다. 아들이 죽었다는 충격에 나는 온 몸이 뒤틀리며 마비가 오기 시작했다. 아들은 영안실로 옮겨졌고 나는 응급실로 실려 갔다. 응급실에서 몸도 가누지 못한 채 누워 통곡하는 나에게 어머니는 이렇게 말씀하셨다.

    "승규는 네 아들이지만 넌 내 딸이다. 너까지 죽으면 난 못 산다. 내가 다 알아서 할 테니 넌 장례식에 올 생각도 하지 마라."

    어머니는 집으로 돌아가서 하얀 명주로 승규의 수의를 만들어 오셨다. 사랑하는 외손자를 손수 알코올로 닦고 당신이 손수 만들어 온 수의를 입혔다. 염을 할 때 못 들어오게 막아서 밖에서 아들의 염을 지켜볼 수밖에 없었다. 문 사이로 승규 앞에서 한없이 눈물을 흘리시는 어머니의 모습을 보았다. 그 눈물은 단순한 슬픔의 눈물이 아니라 가슴에서부터 흘러나오는 피 눈물이었다. 못난 딸을 위해 아픔을 참아가며 외손자의 장례를 대신 치르신 어머니, 어머니의 그 마음이 바로 하나님이 우리를 바라보는 긍휼의 마음이 아닐까 다시 한 번 생각해 본다.

너희가 우리의 사랑하는 자 됨이라

유 집사님은 젊은 나이에 유방암에 걸렸다. 병원에 가보니 이미 암세포가 온 몸으로 퍼져서 손을 쓸 수가 없었다. 하지만 유 집사님은 고통 속에서도 항상 웃음을 잃지 않고 오히려 병간호를 하느라 힘들어 하는 주위 사람들을 걱정했다. 결국 믿음 안에서 아름답게 죽음을 맞이하셨다.

임종을 앞둔 어느 날 유 집사님 집으로 심방을 갔다.

"저는 천국 가지만 우리 딸은 어떡해요? 우리 딸에게 너무 미안하고…, 너무나 가엾은 우리 미연이는 어떻게 해요?"

내 앞에서 유 집사님은 하염없이 눈물을 쏟았다. 엄마 품에 안긴 딸도 얼마나 울던지, 지금도 그 장면을 잊을 수가 없다.

며칠 후 유 집사님이 임종해서 입관 예배를 드리러 갔다. 입관실에 들어서니 유 집사님의 동생이 나에게 조그마한 수첩을 건넸다. 작고 네모난 수첩이었다. 수첩 속에는 위에서부터 아래까지 여백이 하나도 없었다. 깨알 같은 글씨로 "사랑해, 미연아. 엄마를 용서해줘"라는 내용이 가득 쓰여 있었다. 외동딸을 두고 가는 엄마의 애절한 사랑이 그 수첩 속 글씨에서 그대로 전해졌다. 유 집사님은 죽는 자신보다 남겨진 딸을 위해 슬피 울었던 것이다.

우리 주님도 마찬가지다. 예수님은 골고다 언덕에서 십자가를 지시는 크고 진한 사랑으로 우리를 위해 자신의 생명을 내어주셨다. 그리고 우리를 용서하셨다. 하지만 그 사랑을 느끼지 못하는 것이 우리의 안타까운 현실이다. 사도 바울은 "우리가 이같이 너희를 사모하여 하나님의 복음뿐 아니라 우리의 목숨까지도 너희에게 주기를 기뻐함은 너희가 우리의 사랑하는 자 됨이라"(살전 2:8)고 했다. 사도 바울의 고백처럼 우리도 심령 깊은 곳에 사랑을 간직해야 한다. 믿지 않는 자를 보면 나의 생명까지 내어주고 싶은 그 사랑이 우리에게 있어야 한다.

바울이 만난 예수님, 그분은 우리의 죄를 대신해서 채찍을 맞으셨다. 온 몸이 갈기갈기 찢기고 가시관에 찔리고 온갖 고통 속에서 십자가를 지셨다. 십자가에서 손과 발이 대못에 박히고 창에 찔려 물과 피를 흘리면서도 우리를 원망하지 않으셨다. 오히려 우리를 불쌍히 여기시고 사랑하신 예수님은 우리를 꼭 안아주셨다. 그런 주님이 우리 안에 있어야 한다. 그런 긍휼이 우리 안에 있을 때 비로소 예수님의 향기가 우리 몸에서 풍겨 날 것이다.

chapter 02
섬김으로 사람의 마음을 열고

인자가 온 것은 섬김을 받으려 함이 아니라 도리어 섬기려 하고
자기 목숨을 많은 사람의 대속물로 주려 함이니라 막 10:45

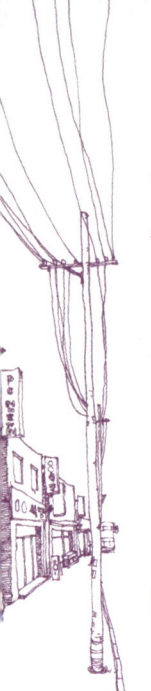

섬김이란 소중한 이름

　전도를 잘하기 위해서는 섬기는 훈련이 되어 있어야 한다. 한 사람을 전도하기 위해서는 얼마나 오랜 섬김이 필요한지 모른다.

　내가 수년 동안 복음을 전했던 남자가 있었다. 그분은 불행히도 중풍으로 쓰러졌다. 병원에서 치료를 받았지만 결국 몸을 쓸 수 없는 반신불수가 되었다. 몸이 아픈 가운데 하나님을 영접하고 교회에 나왔다. 그분은 눈물을 흘리며 나에게 이런 말을 했다.

　"예전에 목사님의 말을 들을 걸 그랬습니다. 목사님이 저에게 교회에 나오라고 수만 번은 더 말했지요. 그때 교회에 나오지 않은 것이 너무나 후회가 됩니다."

142 아줌마 전도왕 그리고...

나는 그분의 '수만 번'이라는 말이 너무나 감사했다. 한 번이 아닌 수만 번 외쳐야 한 생명이 구원된다면 우리는 하나님의 살아계심을 수만 번 외쳐야 한다. 그 외침이 쌓이고 쌓여야 불신자들이 하나 둘, 하나님으로부터 새 생명을 얻게 되는 것이다. 단지 노력만으로는 부족하다. 우리는 사랑, 물질, 헌신, 기도, 건강을 모두 바쳐서 사람들을 섬겨야 한다. 이 모든 것이 합쳐져야 비로소 온전한 섬김이 완성된다.

하루는 전도대원들에게서 내게 전화가 왔다. 다급한 목소리로 빨리 와 달라는 것이었다. 나는 전화를 받자마자 급히 과천에 있는 문원동으로 향했다. 전도대원들이 3년을 찾아갔지만 한 번도 문이 열리지 않던 가정이 있었다. 그런데 그날 처음으로 문이 열렸다는 것이다. 그래서 그렇게 급히 나에게 전화를 한 것이었다.

그 집에 가보니 지하 단칸방에 50세의 어머니와 20대의 딸, 이렇게 두 모녀가 살고 있었다. 모녀가 모두 정신지체를 앓고 있었다. 집은 들어가는 입구부터 엉망이었다. 싱크대에 쌓여 있는 그릇 안에는 손가락만한 구더기가 우글대고 있었다. 집안에 들어가 보니 방바닥에 습기가 차서 앉을 수조차 없었다. 천장에는 물이 새서 곰팡이가 두껍게 피어 있었다. 쌀 포대가 아무렇게나 바닥에 널브러져 있었다. 동사무소에서 받은 20킬로그램짜리 쌀 다섯 포대였다. 열어보니 모두 새까맣게 곰팡이가 피어있어서 도저히 먹을 수 없는 상태였다.

밥을 짓지 못하는 모녀는 쌀을 버려둔 채 하루에 한 번 사회복지센터에서 보내주는 도시락을 먹으며 살고 있었다. 조그마한 부엌에서는 음식이 썩어서 지독한 냄새가 났다. 도저히 사람이 살 수 없는 환경이었다.

그 광경에 눈물이 핑 돌았다. 그분들로부터 집 청소를 해도 된다는 허락을 받고 8명의 전도대원을 불렀다. 전도대원들은 100리터 쓰레기봉투 12개에 쓰레기를 가득 채워서 버렸다. 곰팡이가 핀 벽지와 눅눅한 바닥은 도배공을 불러서 모두 새것으로 교체했다. 구더기가 가득 들어있던 그릇 등 살림살이는 모두 버리고 새것으로 다시 사드렸다. 몇 날을 그렇게 작업한 끝에 사람이 살 만한 공간으로 탈바꿈되었다.

집을 정리한 후 이 구역을 관리하는 문원동 사무소에 찾아가 사무장에게 이들의 상황을 전했다. 두 분을 병원에서 치료받게 해야 할 것 같다는 이야기도 전했다. 우리 전도대원들이 지체장애 모녀에게 한 일을 알고 감동받은 문원동 사무장은 자신이 고이 간직했던 염주를 버리고 교회로 나왔다.

이렇게 한 집을 온 마음을 다해 섬기면 다른 이들까지 저절로 전도하게 되는 은혜를 경험하게 된다. 한 사람을 소중히 생각하고 최선을 다해 섬기면 그 숫자는 1백 명이 되고 1천 명이 되는 놀라운 경험을 하게 된다.

생명을 구하는 섬김

노량진교회에 부임을 하고 새롭게 전도대를 조직한 후 처음으로 전도대원들을 현장에 보낸 날이었다. 한 팀이 다녀온 후 나에게 그날 있었던 일을 상세히 들려줬다.

"제가 맡은 구역을 전도하던 중에 한 집을 방문하게 되었어요. 집에 들어가니 나이든 노모와 장성한 아들이 함께 살고 있었어요. 그런데 그 아들이 얼마나 난폭한지…, 집에 들어가자마자 우리에게 욕설을 하고 물건을 집어 던져서 당황스러워서 혼났어요."

그 다음날 우리 전도대원들은 그 집으로 과일을 사서 찾아갔다. 과일을 거실에 내려놓자 아들은 전도대원들을 향해 사과를 집어 던졌다. 아무리 설득을 해도 말을 듣지 않자 나에게 같이 가달라고 부탁을 했다. 다음날 나는 전도대원들과 함께 그 집을 찾아갔다.

"저는 노량진교회 목사입니다. 집에 들어가도 될까요?"

그 집 문밖에서 큰소리로 내 소개를 하면서 그 집으로 들어갔다. 집에 들어가자마자 그 남자에게 다가가서 기도를 한 후 위로의 말을 건넸다.

"요즘 힘들지요? 사는 게…"

이 말에 상처받았던 마음이 스르르 무너지면서 마음을 열기 시작했다. 그리곤 입을 열기 시작했다.

"감옥에서 출소한 지 얼마 안 됐습니다. 집에 와보니 재개발 때문에 이사를 가야 한다고 합니다. 임대주택에 들어갈 자격은 되는데 보증금이 없어서 그것조차 불가능합니다. 이제 더 이상 삶에 희망이 없습니다."

남자는 나를 붙들고 울먹였다. 기구한 사연을 들으니 마음이 너무 아팠다. 하지만 그 남자를 위해서 해 줄 수 있을 만한 것이 특별히 떠오르지 않아 기도만 해주고 교회로 돌아왔다. 다음날 전도대원에게서 전화가 걸려왔다.

"목사님, 어제 만났던 남자가 사육신 공원에서 밧줄에 목을 매어 자살을 시도했다고 합니다. 사람들이 발견하고 경찰에 신고해서 죽음은 면했어요."

그 소식을 듣고 남자에게 곧바로 달려갔다. 그리고 한참을 설득했다.

"열심히 신앙생활을 하십시오. 그러면 제가 집 보증금을 마련해 드리겠습니다."

남자의 얼굴에 소망의 빛이 떠올랐다. 다음날 이 이야기를 전도대원들에게 들려주었다. 다음날 박 권사님이 나를 잠깐 보자고 하셨다.

"200만 원이라고 하셨죠? 목사님, 괜찮으시다면 제가 그분 보증금을 내겠습니다."

혼자서 아들 셋을 기르면서 살아가는 박 권사님은 자신도 형편이 어려울 텐데 보증금을 내놓겠다고 말했다. 그러고는 큰 돈을 선뜻 내놓았다. 아울러 다른 사람들에게는 비밀로 해달라고 부탁까지 했다. 그 소중한 돈을 받고서 내가 얼마나 감동의 눈물을 흘렸는지 모른다.

남자는 그 주부터 교회에 나오기 시작했다. 5주간 새가족 교육이 끝난 후 마련한 집 보증금을 드렸다. 이사 비용이 없다는 말에 이사 비용까지 마련해 주었다. 교회에서 거리는 조금 먼 곳으로 이사했지만 주일마다 꼬박꼬박 교회에 나온다. 이렇게 우리 주변에는 어려운 지체들을 위해 물질과 사랑의 섬김을 실천하는 분들이 있다. 그렇기에 희망을 잃어버린 영혼들을 구원할 수 있다. 이들의 아름다운 섬김의 모습에 절로 감동의 눈물이 흘러내린다.

뒤에서 섬기는 아름다운 얼굴들

신학 공부를 하는 분들 중에는 물질의 어려움을 겪는 이들이 많다. 시골에서 올라온 전도사님들 가운데는 돈이 없어서 끼니를 거르는 이들도 많다. 기숙사 대금을 못 내고 학비조차 없어서 어려움을 겪는 이들도 있었다. 그런 모습을 볼 때마다 도와줄 수 없어 너무나 마음이 아팠다. 물질적인 문제로 어려움을 겪는 사역자들을 볼 때면 어떻게 도울 수 없을지 고민만 커졌다.

너무나 고마운 것은 그때마다 어떤 집사님이 그들을 도울 수 있는 물질을 주셨다. 나는 그 돈으로 식권을 사서 봉투에 넣은 후 아무도 모르게 전해 드리곤 했다. 기숙사비와 등록금이 없어서 힘들게 공부하는 전도사님에게도 고마운 사랑을 전해드릴 수 있었다.

지금은 캐나다로 이민을 가서 살고 있는 김 권사님 이야기다. 김 권사님은 볼리비아에 계신 선교사님의 어려운 소식을 접하게 되었다. 이 선교사님은 미혼모 지체를 섬기고 있었다. 어린 나이에 임신을 해서 오갈 데가 없는 어린 소녀들을 데려다가 아이도 키우고 어린 엄마가 홀로 일어설 수 있도록 말씀과 훈련으로 하나님의 사랑을 실천하고 있었다. 하지만 선교사님은 볼리비아에서 선교활동을 하는데 물질의 어려움을 겪고 있었다. 이 소식을 들은 권사님은 3년 동안 많은 금액을 볼리비아로 보냈다.

또 남미에서 사역하는 선교사님이 계셨다. 이런 오지에서 선교하는 분들은 대부분 경제적으로 곤란을 겪는다. 의료 혜택을 받지 못해 건강을 해치는 경우도 많다. 선교사님과 함께 남미에서 선교활동을 하던 사모님께서 한국으로 귀국했다. 남을 돌보는 데만 집중한 나머지 이가 다 삭아서 열 개 이상을 빼고 다른 치아로 교체해야 했다. 하지만 돈이 없어서 하지 못하고 있었다. 이 소식을 들은 이 권사님은 선뜻 거금을 내놓으셨다.

너무 감동적인 것은 이런 선행을 남들에게는 알리지 말아달라고 신신당부를 한다는 것이다. 남모르게 귀한 일을 하시는 고마운 분들이다. 사역을 하다 보면 돈이 많은 부자라고 해서 사람을 섬길 수 있는 것은 아니라는 사실을 깨닫게 된다. 오히려 가난하지만 그 가운데서 나눔의 섬김을 실천하는 아름다운 이들이 더 많다는 것을 알게 된다. 이것이 바로 세상에서 가장 아름다운 섬김이다.

생명 구조대, 우리의 섬김이들

전도를 하러 갔다가 돌아온 전도대원 한 명이 나에게 달려오더니 이런 얘기를 전했다.

"목사님, 오늘 전도하러 나가지 않았더라면 큰일 날 뻔 했어요."

사연은 이랬다. 김 집사님이 자신이 맡은 구역을 전도하는데 오늘도 어김없이 한 집의 벨을 눌렀다. 한참을 눌렀는데도 아무 기척이 없어 돌아서서 다른 집으로 가려는 찰나, 어떤 남자가 문을 열었다. 문이 열리자 김 집사님은 얼른 그 집 안으로 들어갔다.

집 안으로 들어서자마자 그 집 주인은 전도대원을 붙잡고 울면서 이렇게 말했다.

"아주머니, 저 좀 살려주세요. 벨을 누르지 않았다면 난 아마도 지금쯤 이 세상 사람이 아니었을 겁니다."

그 남자의 아내는 3년 전 암으로 세상을 떠났다. 아내가 죽은 후 하던 사업도 실패하고 우울증에 시달리며 하루하루를 힘겹게 살아가고 있었다. 딸은 시집을 갔고 아들은 군복무를 하고 있어서 혼자 그 아파트에서 생활하고 있었다. 외로움은 이루 말할 수 없을 정도였다.

"몇 번이나 죽을 결심을 했습니다. 수면제를 모으기 위해 약국마다 찾아가서 수십 알을 산 적도 있습니다. 그렇게 죽을 결심을 여러 차례 했지만 모두 실패했습니다. 이번이 마지막이라는 생각에 목을 맬 노끈을 사왔습니다. 경비실 소장님에게는 이런 부탁도 했습니다. 내가 보이지 않으면 우리 집에 한번 들러 주세요. 혼자 살다보니 무슨 일이 생길지 알 수 없지 않습니까?"

집에 돌아온 남자는 깨알 같은 글씨로 유서를 쓴 후 침대의 헤드보드에 노끈을 매달았다. 그리고 자살을 하려는데 자꾸 초인종이 울렸다. 결국 자살을 하지 못하고 문을 열었는데 전도대원이 문 앞에 서 있었던 것이다. 그 남자는 초인종이 자신을 살렸다며 울먹였다. 그 이야기를 듣고 김 집사님은 그 남자와 함께 울었다. 그때부터 우리 전도대원들이 그 남자를 돌보기 시작했다.

김 집사님은 매일 그 집에 찾아가 장을 봐서 밥도 해주고 청소도 해주었다. 그리고 외로운 그 남자의 말벗이 되어주었다. 예배 시간에는 그 남자와 함께 교회로 나와 예배를 드리는 등 정성껏 그 남자를 섬겼다. 그런 정성 탓이었는지 남자의 마음은 점점 회복되어 갔다. 이제는 세례도 받고 하나님을 영접하면서 영육의 건강을 회복하고 있다.

이처럼 섬김을 통해 생명을 살리는 경우를 나는 많이 경험했다. 그래서 모든 성도들이 다른 이들을 섬기는 삶을 살았으면 좋겠다. 외로운 이들에게는 말벗이 되어주고 곁에 함께 있어주는 것만으로도 충분한 힘이 된다. 태어나면서부터 사람들로부터 버림받고 사랑에 굶주려 있는 이들, 사랑이란 단어가 무엇을 의미하는지조차 모른 채 살아가는 이들, 세상에 찌들고 타인에게 치여서 우울증을 앓으면서도 자신의 병의 원인조차 모른 채 점점 죽어가는 영혼들을 보면 참으로 마음이 아프다. 그러한 사람들을 보듬어주고 치유해줄 수 있는 사랑을 실천하는 섬김을 우리는 알면서도 제대로 실천하지 않았던 것은 아닌지 다시 한 번 반성해 본다. 섬김은 전도의 필수 사항이다. 섬김으로 채워진 전도는 사람들의 영혼을 살리는 생명선이다.

복음 전하는 이를 사랑하시네

모처럼 쉬는 토요일이었다. 철야 기도회를 마치고 새벽에 집으로 돌아왔다. 그런데 집에 오자마자 배가 아파오기 시작했다. 복부 윗부분에 말할 수 없는 통증이 몰려왔다. 견딜 수 없을 정도로 복통이 심해졌고 식은땀을 흘리면서 통증이 가라앉기만을 기다리고 있었다. 곧 남편이 회사에서 퇴근해 돌아올 테니 함께 병원에 가려고 기다리고 있는데 전화벨이 울렸다.

이 권사님이었다. 다급한 목소리로 언니가 많이 아프다며 심방을 부탁했다. 이 권사님의 언니는 간암 말기로 투병 중이었다. 몇 차례 병원으로 찾아가 복음을 전했지만 소용이 없었다. 동생인 이 권사님은 그런 언니를 보며 항상 안타까워하며 기도했다.

나는 지금까지 어느 누가 부탁을 해도 심방을 거절한 적이 한 번도 없었다. 특히 병으로 죽어가는 영혼을 위한 심방은 더욱 열심히 했다. 하지만 그날따라 배가 너무나 아팠다. 그래서 이 권사님께 "오늘은 몸이 안 좋아서 도저히 못 가겠으니 내일 가면 안 되겠냐"고 말했다. 그러자 그분은 괜찮다고, 얼른 쾌차하시라는 말을 하며 전화를 끊었다.

그런데 그렇게 전화를 끊고 나니 좌불안석이었다. '내가 목사 맞아? 지금 한 영혼이 아파서 죽어가고 있는데, 내가 아무리 죽을 만큼 아파도 이러면 안 되지!' 그런 생각이 머릿속을 떠나지 않았다. 혼자서 운전을 하며 그곳까지 갈 자신이 없어서 근처에 사는 권사님 한 분께 운전을 부탁했다. 봉천동에서 분당 가는 내내 배를 움켜쥐고 있었더니 운전하시던 권사님이 이렇게 말했다.

"심방을 가실 것이 아니라 먼저 병원엘 가셔야겠어요."

권사님은 내 모습을 안타깝게 바라보며 말했다.

이윽고 분당에 있는 아파트에 도착했다. 벨을 누르니 이 권사님이 눈물과 땀으로 범벅이 되어 있었다. 나를 보더니 "아프신데 어떻게 오셨어요?" 하며 나를 걱정했다. 집 안으로 들어가니 이 권사님의 언니는 얼마나 통증이 심한지 거실 바닥을 기어 다니며 고통스러워하고 있었다. 고통이 너무 커서 열 손가락 모두 바닥이며 벽을 긁어서 피가 맺어 있었고, 대 소변을 제대로 가리지 못해 옷, 이불

가릴 것 없이 방 여기저기에 묻어 있었다. 그 모습을 본 순간 나의 고통은 순식간에 잊어버렸다.

더러운 것은 생각도 할 겨를없이 신발을 벗고 뛰어 들어가서 이 권사님의 언니를 꽉 끌어안았다. 그러고는 하나님께 이런 기도를 드렸다.

"하나님, 이분의 고통이 멎도록 도와주세요."

그 순간 하나님이 그분을 불쌍히 여기셨는지 통증이 멈췄다. 일단 뜨거운 물로 몸을 씻기고 깨끗한 옷으로 갈아입혔다. 새로운 이부자리에 그분을 눕히고 예배를 드려도 되겠는지 물어보았다. 그분은 말없이 고개를 끄덕였다. 나는 그분을 위해 찬양을 했다.

"나 같은 죄인 살리신 주 은혜 놀라워 잃었던 생명 찾았고 광명을 얻었네."

그런데 놀라운 일이 벌어졌다. 그분이 옆에서 눈물을 흘리더니 내가 부르는 찬양을 따라 부르기 시작했다. 그 자리에 있던 모든 사람이 깜짝 놀라서 그분을 쳐다보았다. 찬양이 끝나고 그분에게 물었다.

"어떻게 이 찬양을 아십니까?"

그러자 언니는 이렇게 대답했다.

"사실 청년 때 세례를 받았습니다. 청년회 부회장까지 했고요. 하지만 하나님을 믿지 않는 남편과 결혼하고부터 교회에 나가지 못했습니다. 목사님, 이제 와서 예수님을 믿어도 될까요?"

그러더니 흐느껴 울기 시작했다. 나는 그분의 손을 꼭 잡고서 말했다.

"하나님은 지금도 어머님을 기다리고 계십니다. 이렇게 다시 돌아오셔서 하나님도 무척 기뻐하실 겁니다."

그러고는 함께 찬양을 했다. 함께 영접 기도를 드리고 하나님을 향해 끊임없이 아멘을 외치는 모습을 보면서 나는 하나님께 감사의 기도를 드렸다.

그 집을 나와 차에 타는 순간 다시 배의 통증이 시작되었다. 얼마나 고통스러운지 마치 배를 칼로 도려내는 듯했다. 병원에 가서 진찰을 받았다. 진단 결과는 담석이었다. 의사는 다음날 쓸개를 떼내야 한다고 말했다.

다음 날 긴 수술을 끝내고 회복실에 누워 있었다. 얼마 지나지 않아 핸드폰이 울렸다. 받아보니 어제 심방을 부탁했던 이 권사님이었다.

"수술하셨는데 찾아뵙지 못해 너무 죄송해요. 사실 저희 언니가 목사님이 가시고 얼마 지나지 않아 찬양을 부르다 돌아가셨어요. 지금 장례중이에요. 목사님 너무 감사드립니다. 우리 언니, 목사님 덕분에 천국에 가셨어요."

이 권사님은 그렇게 감사의 인사를 하셨다. 전화를 끊고 나니 나도 모르게 눈물이 흘러나왔다. 나는 하나님께 감사드렸다. 가만히 생각해보니 하나님은 하늘나라에 가신 그분도 사랑하셨지만 나를 더 사랑하셨던 것 같다. 만약 그때 내가 아프다는 핑계로 그곳에 가지 않았더라면 평생 후회하며 살았을 것이다. 하지만 하나님은 나로 하여금 아픈 몸을 이끌고 거기까지 갈 수 있도록 인도하셨고 그 권사님의 언니를 구원으로 이끄셨다.

병실에서 몸은 아팠지만 마음은 얼마나 가뿐한지 온 마음이 기쁨으로 충만했다. 하나님의 사랑이 측량할 수 없을 만큼 크다는 사실을 새삼 느꼈다. 나는 감격스러움을 주체하지 못해 주님께 기도했다.

"앞으로도 또 이런 일이 있으면 후회하지 않도록 주님, 저를 인도해 주세요. 아버지, 감사합니다."

chapter 03
기도는…

내 의의 하나님이여 내가 부를 때에 응답하소서 곤란 중에 나를 너그럽게 하셨사오니
내게 은혜를 베푸사 나의 기도를 들으소서 시 4:1

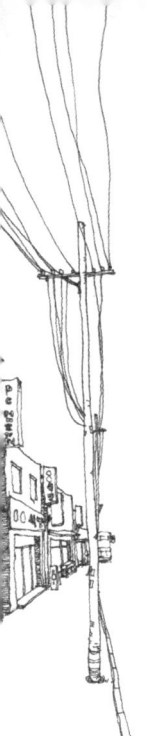

생명을 살린 어머니의 새벽기도

전도사 시절의 이야기다. 새벽 기도를 마친 후 돌아보니 할머니 한 분이 너무도 서럽게 울고 계셨다. 그 할머니의 울음이 내 마음을 너무 아프게 했다. 할머니 곁에 다가가서 무슨 일인지 조심스레 여쭈어 보았다.

"할머니, 저는 이 교회의 전도사입니다. 무슨 일이 있으시기에 그렇게 슬피 우세요?"

"전도사님, 우리 아들이 너무 불쌍해요. 글쎄, 며느리가 바람이 났지 뭡니까? 다른 남자와 같은 방에서 잠자리를 하는 것을 아들이 목격을 하고는 그 자리에서 둘 다 죽이려고 칼을 가지고 갔는데 죽

이지는 못하고 돌아왔습니다. 지금 두 사람은 간통죄로 구치소에 있어요. 우리 아들이 너무 불쌍해서 어떻게 해요?"

할머니는 이렇게 말씀하시면서 목 놓아 우셨다. 나는 오후에 그 집으로 심방을 갔다. 할머니는 나를 안방으로 안내하셨다. 방 안에는 술병들이 이리저리 나뒹굴고 있었다. 한 눈에도 아들이 얼마나 괴로운 상태인지 가늠할 수 있었다.

"상태야, 전도사님이 오셨으니 일어나서 앉아봐."

아들은 일어나 앉으면서 고개를 숙였다.

"형제님, 많이 힘드시지요? 제가 형제님을 위해 기도해 드리려고 찾아왔습니다."

나는 위로의 말을 건넸다. 아들은 이 한 마디에 눈에서 눈물을 주르륵 흘렸다. 곧이어 나에게 하소연을 하기 시작했다.

"어떻게 이럴 수가 있습니까? 제가 그래도 열심히 벌어서 이 정도라도 살고 있는 겁니다. 정말 하루도 쉬지 않고 가족을 위해 일했습니다. 저는 일의 특성상 낮에는 쉬고 밤에 일을 합니다. 그런데 어느 날 부턴가 아내의 낌새가 이상해서 사람을 시켜 뒤를 밟게 했습니다. 그러던 중 현장을 잡았으니 빨리 오라는 연락을 받았습니다. 그때는 제정신이 아니었습니다. 오직 두 사람을 죽이겠다는 생각밖에 들지 않았습니다. 칼을 주머니에 넣고 곧장 그곳으로 달려갔습니다. 두 사람이 서로 안고 있는 모습을 본 순간 칼을 꺼내서 죽이려고 했습니다. 그런데 그때 저의 어머니가 생각났습니다. 그래서 그들을 죽이지는 못하고 신고만 하고 돌아왔습니다."

남자의 아들은 올해 초등학교 1학년에 입학했다. 아들이 입학하면서 아이 엄마는 담임선생님을 만나기 위해 학교 가는 일이 잦았다. 그러다가 아이의 담임선생님과 눈이 맞아서 바람을 피게 된 것이다. 그 사실을 안 남자는 너무나 괘씸한 나머지 둘 다 죽이려고 갔던 것이다. 하지만 어머니의 기도로 살인자가 되는 것을 모면했던 것이다. 자식이 어릴 때 이 어머니는 30리나 떨어져 있는 교회의 새벽 기도를 한 번도 빠지지 않았다. 일 년 열두 달 항상 새벽에 기도를 갔다 오면 집에 오자마자 아들의 이마에 손을 얹고 기도를 해 주었다. 다른 때는 괜찮았는데 겨울에는 어머니의 손이 얼마나 차갑던지, 그 순간 잠에서 깬 아들은 자신도 모르게 눈물을 흘렸다고 했다. 그러면서 남자는 이렇게 말했다.

"저는 그 기억을 잊고 있었는데 두 사람을 죽이려는 순간 어머니의 차가운 손이 생각나서 죽이지 못하고 돌아왔습니다. 정말 어떻게 해야 할지 모르겠습니다. 너무나 괴롭습니다."

나는 그 어머니가 너무나 위대해 보였다. 매일같이 새벽에 기도하기 위해서 30리나 되는 먼 거리를 마다하지 않았던 어머니, 어머니의 기도가 결국은 그 아들을 살인의 자리에서 구원했다는 사실이 너무 놀라웠다. 어머니의 기도가 세 사람의 생명을 살렸던 것이다. 나는 그를 위로하면서 아이들의 엄마를 용서하라고 타일렀다.

"전도사님 같으면 용서할 수 있겠습니까?"

그의 원망 섞인 대답이 내 가슴을 울렸다. 나는 울먹이며 이렇게 대답했다.

"옛날 같으면 용서할 수 없었을 겁니다. 그러나 지금은 용서할 수 있을 것 같습니다."

이렇게 말하고는 그 가정을 위해 간절히 기도하고 교회로 돌아왔다. 얼마 후 그는 아내를 용서했고 아내는 구치소에서 나오게 되었다. 멀리 이사를 가고 싶다는 말에 그게 좋을 것 같다고 말해 주었다. 얼마 지나지 않아 가족은 이사를 했다. 나는 그들을 통해 기도에 대해 다시 한 번 생각해 보았다. 어머니의 기도는 생명을 살리는 기도였다. 아들을 살린 어머니의 기도에 박수를 보내고 싶다.

쇠문도 저절로 열리게 하는 기도

그 때에 헤롯 왕이 손을 들어 교회 중에서 몇 사람을 해하려 하여 요한의 형제 야고보를 칼로 죽이니 유대인들이 이 일을 기뻐하는 것을 보고 베드로도 잡으려 할새 때는 무교절 기간이라 잡으매 옥에 가두어 군인 넷씩인 네 패에게 맡겨 지키고 유월절 후에 백성 앞에 끌어내고자 하더라 이에 베드로는 옥에 갇혔고 교회는 그를 위하여 간절히 하나님께 기도하더라 헤롯이 잡아내려고 하는 그 전날 밤에 베드로가 두 군인 틈에서 두 사슬에 매여 누워 자는데 파수꾼들이 문 밖에서 옥을 지키더니 홀연히 주의 사자가 나타나매 옥중에 광채가 빛나며 또 베드로의 옆구리를 쳐 깨워 이르되 급히 일어나라 하거늘 베드로가 그대로 하니 천사가 또 이르되 겉옷을 입고 따라오라 한대 베드로가 나와서 따라갈새 천사가 하는 것이 생시인 줄 알지 못하고 환상을 보는가 하니라 이에 첫째와 둘째 파수를 지나 시내로 통한 쇠문에 이르니 문이 저절로 열리는지라 나와서 한 거리를 지나매 천사가 곧 떠나더라 이에 베드로가 정신이 들어 이르되 내가 이제야 참으로 주께서 그의 천사를 보내어 나를 헤롯의 손과 유대 백성의 모든 기대에서 벗어나게 하신 줄 알겠노라 하여 깨닫고 마가라 하는 요한의 어머니 마리아의 집에 가니 여러 사람이 거기에 모여 기도하고 있더라 행 12:1-12

본문에서 교회는 옥에 갇힌 베드로를 구해달라고 하나님께 간절히 기도했다. 마가라 하는 요한의 어머니 마리아의 집에서도 여러 사람이 모여 기도했다고 말씀하고 있다. 베드로는 쇠사슬에 매여 두 군인들 틈에서 자고 있을 뿐 아니라 파수꾼들이 문 밖에서 옥을 지키고 있을 때 주의 사자가 나타나 옥중의 어둠을 밝히는 광채가 빛났다.

천사가 베드로의 옆구리를 쳐 깨워 일으키실 때 쇠사슬이 그의 손에서 벗어졌다. 그뿐 아니라 첫째와 둘째 파수를 지나 시내로 통한 쇠문이 저절로 열렸다. 결국은 기도로 말미암아 죽을 수밖에 없던 베드로를 살리는 역사의 모습을 볼 수 있다. 게다가 띠를 띠고 신을 신게 하며 겉옷까지 입게 하여, 온전하게 회복시켜 주시는 하나님의 사랑을 다시 한 번 생각하게 된다.

옥에 갇힌 베드로를 헤롯의 손에서 벗어나게 하시고 자유로워지게 하신 후 천사는 떠났다. 그렇다. 교회와 성도들이 베드로의 생명을 위해 간절히 기도할 때 생명을 살리는 하나님의 역사가 일어났다. 베드로가 죽음의 자리에 있을 때 생명의 자리까지 이르도록 끝까지 안전하게 도와주시는 것을 볼 수 있다.

우리들의 삶은 쇠사슬에 매인 것처럼 어려운 모습이다. 현실이 쇠문과 같이 굳게 닫혀있어 소망의 빛이 보이지 않을 때도 있다. 이런 때일수록 하나님께 생명을 바쳐 기도하면 주의 천사가 우리를 도우시고 우리의 삶에 감겨 있는 모든 쇠사슬이 벗겨질 것이다. 그래서 우리 앞을 가로막는 쇠문이 저절로 열리는 놀라운 은혜를 경험하게 될 것이다.

복음을 전하면서 매번 느끼는 것은 전도를 하면서 기도를 하지 않으면 열매가 없다는 것이다. 기도를 하지 않으면 복음의 문이 굳게 닫히는 것을 볼 수 있다. 그러나 기도하고 복음의 현장에 나가면 굳게 닫힌 쇠문이 열리는 것을 자주 경험하게 된다. 전도할 때마다 전도 대상자들을 위해 수첩을 만들어 기도한다. 놀라운 것은 한참이 지난 후 수첩에 적힌 사람들의 명단을 보면 모두가 교회에 등록하여 신앙생활을 하고 있다는 것이다.

20년 전의 일이다. 남편의 사업 실패로 하루하루를 근근이 살아가고 있을 때였다. 남편이 벌어온 돈을 이리 쪼개고 저리 쪼개서 한 달에 5만원씩 곗돈을 부었다. 20개월을 넣으면 130만원을 타게 되어 있었다. 그 돈을 한 번만 더 부으면 만기가 되었다. '어디에 돈을 쓸까' 하며 곗돈 타는 날만 고대하고 있었다.

  그러던 어느 날이었다. 갑자기 기도하는 가운데 100만원을 교회 사모님께 드리라는 음성이 들렸다. 나머지 30만원은 전도사님에게 갖다 드려야 한다는 생각이 들었다. 나는 너무 괴로웠다. 그 돈을 나와 내 가족을 위해 쓰고 싶었다. 그래서 나는 그 돈을 드리지 않으려고 무진 애를 썼다. 그러나 결국 하나님 앞에서 드리겠노라고 작정하고 말았다. 그때 그 130만원이란 돈의 아쉬움이란 너무도 컸다.

  한 달이 지나서 곗돈을 탔다. 그 돈을 받자마자 사모님께 찾아갔다.

  "목사님이 돌아가시고 교회에서 작은 집 한 채를 주셨어요. 그런데 그 집으로 세금이 나왔어요. 돈이 없어서 하나님께 기도하던 중이었어요."

  사모님은 걱정스러운 표정으로 말했다.

  "사모님, 그 돈이 얼마입니까?"

  "세금이 100만원 나왔어요. 기도하면 하나님이 그 돈을 주시겠지요."

나는 그 말을 듣고 얼마나 놀랐는지 모른다. 내가 가지고 온 100만원을 사모님께 드리고 나오면서 참으로 행복했다. 그러고는 나머지 30만원을 전도사님께 전해드리러 교회로 갔다.

"전도사님, 요즘 기도하는 가운데 전도사님이 자꾸 제 마음에서 떠나질 않아 이렇게 만나 뵈러 왔습니다."

"너무 감사합니다. 제가 요즘 석사학위 논문을 책으로 만들어야 하는데 30만원이 없어서 하나님께 기도하고 있었어요."

이 말을 들은 나는 또 한 번 놀랐다. 가지고 갔던 30만원을 전도사님께 드리고 교회를 나오면서 나는 놀라움을 금치 못했다. 하나님은 한 치의 오차도 없으신 분임을 다시 한 번 체험했기 때문이다.

기도의 응답

어려울 때 쇠문을 열어 주는 기도에 관한 일화를 하나 소개하고자 한다. 올해 4월 전도주일을 끝내고 담임목사님과 전도대원들이 성지순례와 유럽여행을 다녀왔다. 이집트를 지나 로마, 스위스의 알프스 산을 관광한 후 파리로 가는 고속전철 떼제베를 타기 위해 베른 역으로 향했다.

그런데 그곳으로 가는 도중 길이 많이 막혔다. 열차 시간은 얼마 남지 않았는데 우리가 탄 버스가 역에 도착하려면 아직도 한참이나 가야 했다. 만약에 이번 열차를 놓치면 열차표를 버려서 가이드가 막대한 손해를 입는 것뿐만 아니라 파리로 어떻게 가야 할지 난감한 지경이었다.

　버스 안에서 우리는 모두 합심해서 기도했다. 베른 역에 도착하니 열차 출발 시간은 이미 지나있었다. 차에서 내리자마자 가이드가 제일 먼저 쏜살같이 뛰어갔다. 그 다음 장로님들이 뛰어서 계단을 내려가고 그 다음 전도대원들이 뛰어 내려갔다. 양쪽 손에 큰 가방을 들고 모두들 허겁지겁 달렸다. 그렇게 역에 도착했을 때는 이미 출발 시간이 18분이나 지난 후였다.

　그런데 정말 놀라운 일이 생겼다. 열차가 출발하려던 순간, 동양 사람들이 손에 큰 가방을 들고 헐떡이며 내려오는 모습을 본 기관사가 출발을 지연시킨 것이다. 기관사는 우리를 향해 밝은 미소를 지으면서 천천히 내려오라고 손짓 했다. 우리 일행이 정신없이 기차에 올라타자마자 기차가 출발했다. 그제서야 우리는 36명의 일행이 모두 기차에 탔는지 확인했다. 다행히도 모두 기차에 올라탔다. 우리는 서로의 손을 맞잡고 얼마나 감사하며 하나님께 기도했는지 모른다.

　출발 후에 기관사가 우리에게 와서 이런 일은 처음 있는 일이라고 말해줬다. 기차는 항상 정시에 출발한다고 말이다. 가이드도 떼제베가 생긴 이후 처음 있는 일이라며 신기해했다. 그때 우리는 하나님이 우리를 얼마나 사랑하시는지 깨닫고, 세계여행의 기회도 주시고 그 가운데 우리를 지켜주시는 하나님을 한마음으로 찬양했다.

또 이런 일도 있었다. 교회에서 여름휴가를 주셨다. 미국 댈러스에 있는 빛내리교회에서 집회를 한 후 미국 로스앤젤리스에 있는 한인교회로 향할 예정이었다. 그런데 캐나다 밴쿠버에 있는 집사님이 그 소식을 듣고 나에게 밴쿠버로 심방을 와달라고 부탁했다.

나는 밴쿠버를 들러 미국 로스앤젤리스의 한인교회로 향했다. 토요 집회를 마친 후 주일은 현지 교회에서 예배를 드리고 돌아오려고 계획을 세웠다. 그런데 토요 집회가 끝나자 그 교회에서 주일까지 설교를 해달라는 요청이 들어왔다. 그래서 교회에서 집회를 마친 후 그곳에 사는 집사님과 장로님 댁으로 심방을 갔다.

장로님은 앞을 볼 수 없는 분이었다. 하지만 그곳에서 박사학위까지 수여 받으시고 나름대로 열심히 사시는 분이었다. 그 가정에서 예배를 드리고 나니 시간이 너무 늦어졌다. 차를 타고 급히 LA공항으로 출발했다. 공항에 들어서니 인천공항으로 가려고 짐을 부치는 사람이 가득했다. 권사님들과 함께 맨 뒤에 서서 가방을 부치려고 기다리는데 얼마나 피곤한지 온 몸이 쑤시고 아프기 시작했다. 비행기 탑승구까지 가는데 적어도 한 두 시간은 걸릴 것 같아서 한숨을 쉬었다.

그러던 중 갑자기 몸집이 큼지막한 멕시칸 여자와 남자가 우리 일행 앞으로 걸어왔다. 그러더니 나를 향해서 영어로 가방을 들고 따라오라는 것이었다. 권사님과 나는 무슨 일인지 겁도 나고 놀라서 왜 그러냐고 물었다. 그랬더니 무조건 따라 오라고 손짓하는 것이었다. 주위 사람들이 우리를 이상하게 쳐다보았다.

"소매치기 일당인가?"

무엇인가 잘못을 저질러서 끌려가는구나 생각한 사람들은 모두들 우리를 한심하다는 표정으로 쳐다보았다. 우리는 가방을 들고 그 사람을 따라 갔다. 가면서도 무슨 문제가 생긴 것은 아닌지 걱정이 되었다. 그러나 놀랍게도 우리가 따라간 곳은 일등석 승객이 짐을 부치고 들어가는 곳이었다. 비행기를 기다리는 승객은 하나도 보이지 않았다. 우리들이 물어볼 시간도 없이 그 사람들은 이곳에서 짐을 부치라는 말을 남기고서 휙 가버렸다.

우리는 서로의 눈을 쳐다보며 어찌된 영문인지를 몰라서 어리둥절하고 있었다. 그곳에서 일하는 직원이 빨리 검색대에 짐을 올려놓으라고 우리를 재촉했다. 짐을 부치고 나서 발권을 하기 위해 대한항공 직원에게 갔다. 그러고는 그간 있었던 일을 상세히 말했다. 대한항공 직원도 영문을 모르겠다고 고개를 저었다. 여직원은 빈자리가 있는 좌석표를 보여 주더니 마음에 드는 좌석을 고르라고 했다. 제일 먼저 표를 끊는 행운도 누렸다. 또 가방에 파란색 라벨 스티커도 붙여주었다. 스티커를 붙여주면서 인천 공항에 가면 제일 먼저 짐이 나올 것이라고 일러주었다.

권사님들과 나는 '이런 것도 있구나!' 하며 감탄을 금치 못했다. 그리고 "우리 하나님은 정말 멋진 하나님"이라고 칭송하며 비행기로 올랐다. 얼마나 행복했는지 지금도 그때 일을 잊을 수가 없다.

우리는 지금도 그때 일이 어떻게 된 영문인지 알지 못한다. 아마도 천국에 가서야 이유를 알게 될 것이다. 피곤하고 지친 우리의 모습을 보시고 탑승구까지 바로 연결시켜주신 하나님, 우리의 신음에 쇠문을 열어주신 하나님을 찬양한다. 나는 하나님의 일을 하면서 하나님이 나를 사랑하셔서 가는 곳마다 쇠문을 열어 주시는 경험을 수도 없이 했다.

그래서 나는 기도로 전도를 시작한다. 전도할 때는 기도로 훈련을 시킨다. 전도를 마칠 때도 물론 기도로 끝맺는다. 전도와 기도는 반드시 서로 연결되어 있어야 하는 고리이다. 쇠문이 저절로 열리는 은혜를 경험하기 위해서는 반드시 기도로 모든 것을 시작하고 기도로 마무리해야 한다.

새해가 되면 많은 성도들이 기도로 시작하는데, 기도해도 하나님이 들어주지 않는다고 중도에 희망을 포기하는 모습을 많이 본다. 그럴 때마다 나는 이렇게 외친다.

"10년, 20년 동안 아무리 기도해도 안 되면 다시 한 번 포기하지 말고 기도해 보세요."

아무리 쇠로 만든 견고한 철문일지라도 언젠가는 반드시 열릴 날이 있다는 확신을 가지고 하나님께 기도하면, 반드시 열리는 날이 온다는 것을 나는 너무도 많이 경험했다.

몇 년 전 전도대와 함께 어르신 한 분을 전도하러 간 일이 있다. 열심히 어르신께 복음을 전하고 있는데, 그 분은 콧방귀를 뀌면서 이렇게 말했다.

"아무리 도끼로 찍는다고 고목이 하루아침에 쓰러지겠어?"

그때 나는 이렇게 대답했다.

"벼락이 치면 아무리 아름드리 고목이라도 한 순간에 쓰러집니다, 어르신."

그랬더니 "당신이 벼락이야?"라며 호통을 치셨다.

"어르신, 그럴 수도 있다는 얘기지요. 너무 흥분하지 마시고 들어보세요."

나는 웃으면서 그렇게 얘기했다. 나는 이런 저런 얘기를 나누면서 할아버지와 관계를 쌓아갔다. 복음을 전해도 한 치의 흔들림도 없을 것 같던 그 어르신이 얼마 지나지 않아 교회로 나오셨다. 낙심하지 않고 열심히 기도하고 복음을 전하면 이 어르신의 이야기처럼 벼락이라도 쳐서 철문을 부실 것이라고 믿는다.

하나님은 영이시다. 그리고 인격적인 하나님이시다. 그러기에 우리의 생각을 잘 알고 계신다. 낙심하지 말고 하나님께 계속해서 구하면 반드시 원하는 모든 것이 이루어질 줄 믿는다. 끊임없이 포기하지 말고 성령님이 함께 하심을 믿고 사람들에게 전할 때 많은 생명이 구원에 이를 것이다.

chapter 04
치유의 종소리

그리하면 네 빛이 새벽 같이 비칠 것이며 네 치유가 급속할 것이며
네 공의가 네 앞에 행하고 여호와의 영광이 네 뒤에 호위하리니 사 58:8

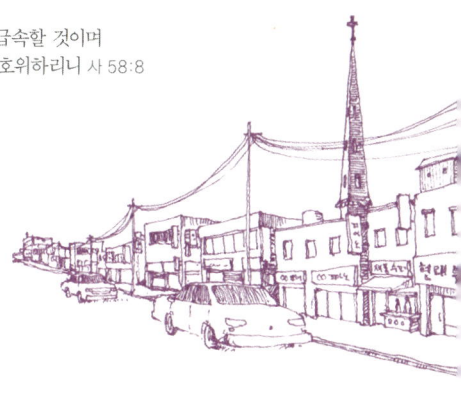

상처투성이 영혼들

　전도 현장에서 복음을 전하다 보면 상처 입은 영혼들을 많이 만나게 된다. 과거에 비해 요즘은 우울증에 시달리며 사는 사람들이 상당히 많다. 많은 사람들이 외로움으로 상처를 받고 우울증을 앓게 되어 치료를 받는다. 과거에 비해 물질적으로 풍요롭고 학력도 높아졌지만 오히려 외롭고 상처받은 영혼들은 늘어나고 있다.

　내가 어렸을 때에는 집집마다 아이들로 넘쳐났다. 형제가 많다 보니 서로 부딪치며 많이 싸웠다. 하지만 싸우면서 서로 화해하는 방법도 익혔고, 항상 함께 생활하다보니 사회성도 늘어가고 서로 사랑하는 법도 배웠다.

3부 _ 긍휼의 하나님

가난하다보니 어머니들은 장사를 하러 나갈 때도 아이를 업고 갔다. 아이에게 젖을 물려야 했기 때문이다. 어머니가 아이에게 젖을 먹이는 과정에서 어머니와 아이 사이에는 애정이 싹트고, 아이는 어머니의 사랑을 느낄 수 있었다. 날씨는 추워도 어머니의 따뜻한 등이 있어서 외롭지 않았다.

밤에는 여러 명의 형제가 한 이불을 덮고 잤다. 서로 춥다고 이불을 잡아당기면서 티격태격했지만 혹여 누구라도 감기가 걸려 기침을 하면 일어나서 이불을 덮어주며 섬김을 배웠다. 라면을 하나 끓이면 서로 먹겠다고 싸우면서 사회성을 배웠고, 어쩌다 껌이 하나 생기면 그 껌은 며칠 동안 형제들의 새벽잠을 깨우는 도구가 되었다. 한 아이가 하루 종일 씹은 껌을 벽에 붙여 놓으면 그 껌을 씹기 위해 잠을 설치다가 제일 일찍 일어난 아이가 껌을 입에 넣을 수 있었다. 길에서 아이스크림 하나를 사면 한 명씩 돌아가며 빨아 먹었지만 누구하나 더럽다고 생각하지 않는 행복감이 우리 안에 있었다.

그러나 지금은 어떤가? 집집마다 아이들이 많아야 둘, 아니면 하나다. 외롭고 쓸쓸하게 자란 아이들은 형제간의 재미도 모르고 자라난다. 함께 나눠먹는 법을 배우지 못한 아이는 가정에서 사회성을 배우지 못한다. 혼자이기에 이기심만 자란다. 맞벌이 하느라 아이들을 돌볼 시간이 없는 부모는 아이가 사달라는 것은 무조건 들어준다. 인내심을 배우지 못한 아이는 기다릴 줄 모르는 아이로 성장한다.

하루는 저녁에 텔레비전을 보다가 이런 뉴스를 접했다. 자신의 전화를 받지 않는다고 친구의 집에 가서 불을 지른 사건이었다. 전화를 받지 않은 건 자신을 우습게 본 것이라고 생각했기 때문에 범행을 저질렀다고 고백하는 아이의 모습을 보았다. 친구 부모님은 불에 타서 죽었고 친구는 화상을 입어 온 몸에 붕대를 감고 있었다. 뒤늦게 자신의 부모가 죽었다는 소식을 접하고 울분을 삼키는 아들의 모습은 우리의 가슴을 너무나 아프게 했다.

이런 뉴스도 있었다. 자신의 잘못을 남에게 사실대로 이야기했다고 친구를 아파트 옥상에 끌고 간 후 밀어서 떨어뜨려 죽인 사건이었다. 이런 소식을 접할 때마다 우리 자녀들의 미래를 우리가 어둡게 만들었다는 생각에 너무나 가슴이 아프다. 이런 뉴스가 들리는 이유는 우리의 세상이 너무나 각박하고 사랑이 사라져 버렸기 때문일 것이다.

그럴수록 우리는 사람들에게 복음을 전해야 한다. 외로운 사람들에게 사랑과 관심을 쏟아야 한다. 함께 기도해주고 함께 울어주면서 좋은 친구가 되어야 한다. 그러면 그들이 삶에 대한 희망을 품게 되고 행복해질 것이다. 우울증으로 힘들어 하지 않고 범죄를 저지르지 않을 것이다. 오로지 복음을 통해 우리는 사람들을 정화시킬 수 있다.

컴퓨터 중독에 걸린 아이

교회 앞에서 초등학교를 다니는 아이를 만난 적이 있다. 낯이 익은 아이였다.

"어디 가니?"

"엄마 심부름 가요."

아이와 대화하는 중에 목에 걸려 있는 열쇠 목걸이가 눈에 들어왔다.

"엄마는 어디 계시니?"

"회사에 가셨어요."

나는 그 아이에게 그럼 매일 혼자 집에 있느냐고 물어보았다. 그랬더니 아이는 고개를 끄덕였다.

"혼자 있으면 심심하겠구나. 뭐하고 놀아?"

"혼자서 컴퓨터 게임하며 놀아요."

나는 이런 아이들을 종종 본다. 부모님은 맞벌이 하느라 너무도 바쁜 나머지 아이들을 집에 방치한다. 그러면 아이들은 학교에 다녀온 후 집에서 혼자 컴퓨터 게임을 하면서 시간을 보낸다. 그러다가 거기에 너무 몰입한 나머지 컴퓨터 중독에 걸려서 정서적으로 심각한 장애를 겪는 일이 종종 있다.

중학교 2학년의 상규 엄마가 아들을 데리고 와서 상담을 한 적이 있다. 상규는 엄마가 직장생활을 하기 때문에 학교에 갔다 오면 아무도 없는 텅 빈 집에 혼자 지냈다. 외롭다보니 상규가 집에서 할 수 있는 일은 컴퓨터 밖에 없었다. 그렇게 1년이 지나고 2년이 지나다 보니 상규는 컴퓨터의 세계로 빠져들었다. 그러다가 결국은 현실과 가상세계를 구분하지 못해 정신과 치료를 받게 되었다.

나는 상규와 상담을 하고 기도를 했다. 상규 엄마는 직장을 그만두고 상규를 돌봤다. 맛있는 간식도 만들어 주고 외롭지 않도록 아이의 옆을 항상 지켰다. 지금은 아이가 정상으로 돌아와 학교생활도 잘 하고 있다.

이혼하는 부모가 늘어나면서 많은 아이들이 상처를 지니고 살아간다. 부모로부터 사랑받을 기회를 박탈당하는 것은 물론이고, 정서적으로 피폐해진 어른들로 인해서 몸과 마음의 상처를 받는다. 다음의 가정도 이혼으로 인해 아이들이 상처를 받은 사례이다.

교회에 다니는 한 남자가 있었다. 그는 교회에 올 때 술을 먹고 왔다. 그렇게 하지 말라고 아무리 말해도 듣지 않았다. 그는 이혼을 하고 구치소도 여러 번 다녀왔다. 자녀들은 아빠라면 고개를 돌린다. 딸은 아빠를 떠나서 외국으로 갔다. 딸은 나에게 전화를 걸어 막내 동생을 부탁한다고 말했다. 아빠에게 편지를 보냈으니 읽어보라고 했다.

나는 그 남자에게 따님이 보낸 편지를 보여 달라고 부탁했다. 그 편지를 받아들고 한 줄 한 줄 읽어갔다. 그리고 편지를 읽으며 얼마나 울었는지 모른다. 편지 내용은 이랬다.

난 아빠나 엄마처럼 살고 싶지 않아요. 자식들을 고아원에 보내거나 친인척에게 보내면서 이러저러 방황하게 만들고 싶지 않아요. 절대로! 막내에게까지 그렇게 살게 한 아빠가 정말 미워요. 우리에게서 엄마를 빼앗고 남들처럼 맘껏 사랑 받으며 살지 못하게 한 아빠가 미워요. 술 먹고 회사에 찾아와 깽판을 부리고 협박하고, 그런 아빠가 무섭고 미워서 정말 죽이고 싶었어요. 아빠 만대로 그런 아빠의 모습이 보기 싫어서 이곳으로 도피해 온 거예요. 그렇게 자식들을 아프게 하는 아빠가 세상에 어디 있어요? 전 절대로 결혼하지 않을 거예요. 아빠처럼 불행한 삶을 자식들에게 대물림하기 싫어서라도! 아빠가 정말 미워요. 죽을 때까지 아빠를 용서하지 못할 거예요.

나는 그의 딸이 하나님의 은혜로 치유받기를 기도하고 있다. 아빠를 용서할 수 있도록 기도하고 있다. 그리고 모든 상처가 회복되기를 진심으로 기원하고 있다.

피어나지 못한 꽃

송 집사님이 전도를 다녀온 뒤 나에게 상담을 부탁했다.
"전도하다가 고등학교 여학생을 만났어요. 그 아이를 생각하면 너무도 마음이 아픕니다. 목사님, 상담 좀 부탁드려요."

대략의 사연을 듣고 그 아이와 교회에서 만났다. 아이와 이런저런 이야기를 나누다가 엄마의 행방을 물었다. 아이는 아빠와 엄마가 이혼했다는 이야기를 들려주었다. 지금은 동생과 오빠와 아빠가 함께 살고 있었다. 나는 아이를 달래면서 집안 사정을 하나하나 묻기 시작했다.

"목사님, 사실은요, 아빠와 오빠에게 강간을 당하면서 살고 있어요. 하루는 혼자 있는데 아빠가 저를 때리면서 강제로 덮쳤어요. 또 어느 날은 낮에 혼자 잠을 자고 있는데 오빠가 아빠처럼 저를…. 그때부터 계속해서 지금까지 그래요. 저만이 아니라 제 여동생에게도 그래요. 동생은 이제 겨우 중학교 3학년이에요. 그런데 동생한테까지 그래요."

세현이는 한참을 이야기하다 울먹였다. 세현이의 아픔이 나의 가슴으로 전해졌다. 이야기를 하는 내내 아이와 함께 서글피 울었다. 나는 이야기를 듣고 너무 화가 났다. 하지만 세현이가 너무 불쌍해서 그 앞에서 화를 낼 수도 없었다. 그냥 세현이를 내 가슴에 끌어안고 말없이 한참 울었다.

그날부터 그 아이를 어떻게 구출해야 할지 그 생각만 했다. 일단 아이들에게 방을 얻어 주어야겠다고 마음먹었다.

"세현이가 아빠에게 성폭력을 당하고 있어요. 그 집에 계속 아이를 놔둘 수가 없어요. 여러분이 세현이를 도와주셨으면 합니다. 부탁드립니다."

다음날 전도대원들에게 아이의 사정을 이야기했다. 모두들 자신의 일처럼 도움을 주었다. 모두의 정성으로 보증금 5백만 원이 모였다. 집사님들이 백방으로 수소문해서 옥탑방 하나를 구했다. 그러고는 세현이와 동생을 그 집으로 이사하도록 했다. 이삿짐을 정리한 후 서둘러 아이의 집으로 아빠를 만나러 갔다.

"세현이 아버지, 세현이와 서현이를 위해서 아이들을 만나지 말아주세요. 제발 부탁합니다."

아이들을 만나지 말라고 아빠를 타일렀다. 하지만 전혀 말이 먹히질 않았다. 그래서 이번에는 아이의 엄마에게 전화를 걸었다. 지금껏 일어났던 모든 이야기를 해주었다. 세현이 엄마는 가슴을 치면서 통곡했다.

"제가 죄인입니다. 자기 자식을 잡아먹는 아비가 어디 있답니까? 흐흑…."

나는 아이 엄마에게 세현이와 서현이를 데리고 가서 키우라고 말했다. 그리고 신앙생활을 열심히 하라고 권면했다. 그랬더니 아이 엄마는 부끄럽지만 자신도 신앙생활을 하고 있다는 것이었다. 그러면서 앞으로 더 열심히 신앙생활을 하겠다고 다짐했다.

얼마 지나지 않아서 엄마는 방을 빼서 아이들을 데려갔다. 가는 날 아이 엄마는 나에게 인사하러 왔다. 보증금을 돌려주기 위해서였다.

"목사님, 보증금 가져 왔습니다."

"이 보증금 세현이 어머니께서 가지고 가세요. 그 돈으로 아이들 잘 키우세요."

"너무 감사합니다. 이 은혜 평생 잊지 못할 겁니다."

세현이 엄마는 울면서 교회를 나갔다. 엄마가 떠난 자리에는 참기름 한 병 놓여 있었다.

지금도 잊을 수 없는 것은 아이들의 눈망울이었다. 아빠와 오빠에게 상처받아 맑은 눈망울에 가득 고여 있던 눈물 말이다. 내가 바라는 것은 지금 어딘가에서 그 아이들이 행복하게 살아가는 것이다. 그리고 그럴 것이라고 지금도 굳게 믿고 있다.

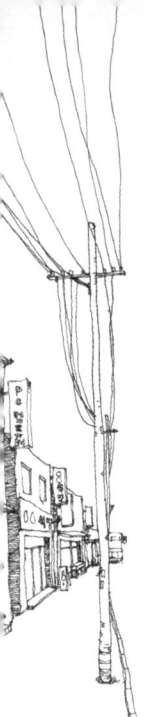

chapter 05
그 손의 못 자국을 만져라

그들이 돌로 스데반을 치니 스데반이 부르짖어 이르되
주 예수여 내 영혼을 받으시옵소서 하고 행 7:59

십자가 고난의 길

나는 로마의 나폴리 항 근처에 있는 폼페이에 여러 번 갈 기회가 있었다. 그곳에는 옛날에 도시가 있던 흔적이 그대로 남아 있다. 폼페이는 이태리 최고의 대리석을 사용해서 연회장과 운동경기장, 호텔 등을 만들었다. 매춘 행위를 하던 술집도 그대로 남아 있었다. 2천여 년 전의 도시임에도 불구하고 지금의 목욕탕이라고 해도 손색이 없을 정도로 질 좋은 대리석을 사용한 완벽한 시설의 목욕탕도 있었다. 놀라운 것은 그때 이미 상하수도 시설이 있었다는 사실이다. 그런 환락의 도시가 존재했었다는 사실에 두 눈이 휘둥그레질 정도였다.

하지만 도시를 돌아보면 얼마나 죄악이 관영한 도시였는지 한 눈에 알 수 있다. 하나님은 이 도시를 하루아침에 심판하셨다. 베스비오 화산의 대폭발로 이 도시 전체가 화산재로 순식간에 덮였다. 폼페이 사람들은 이 폭발로 화산재에 덮여 그 자리에서 목숨을 잃었다. 서로 부둥켜안고 죽은 사람, 웅크리고 앉아 죽은 개의 모습이 고스란히 미이라로 남아있다.

하나님이 멸망시킨 곳은 폼페이만은 아니었다. 노아 시대에 사람들의 죄악이 세상에 가득한 것을 보시고 물로 모든 생물을 쓸어버렸다. 소돔과 고모라의 죄악을 보시고는 유황과 불을 비같이 내려 죽음의 바다로 만드신 일도 있다. 이처럼 하나님의 심판이 이루어질 때는 상상도 할 수 없을 만큼 일순간에 멸망의 길로 들어선다는 것을 성경의 역사를 통해 알 수 있다.

반대로 생명을 살리는 일은 아주 어렵고 긴 세월을 통해 이뤄진다. 진정한 신앙인으로 만드는 일은 참으로 어렵고 긴 인고의 시간을 보내야 비로소 열매를 맺는다. 한 생명이 온전한 하나님의 사람이 되어서 자신의 몸과 마음을 바쳐 순교의 신앙이 되기까지는 하나님의 엄청난 훈련을 감내해야 한다.

염산교회의 사건을 보면 참된 신앙의 길이 무엇인지를 느낄 수 있다.

가을 총동원 주일을 마치고 나니 어느덧 겨울로 접어들고 있었다. 전도대원들과 함께 1박 2일로 국내 성지순례를 떠났다. 과천에서 시작해서 국내 곳곳에 있는 기독교 성지들을 들렀다. 그 가운데 한 곳인 염산교회를 갔다. 염산교회가 당했던 박해와 그로 인해 순교하신 분들에 대한 이야기를 전해 들었다.

한국 전쟁이 일어나기 전인 1950년 6월 22일, 염광군에 공산군이 진입했다. 이 일로 염산교회는 한국 기독교 역사상 가장 큰 피해를 입었다. 교인 중의 3분의 2나 되는 77명의 순교자가 생겼다.

염광군은 좌익세력인 김상용의 고향이다. 염광군을 근거지로 수많은 공산당이 활동을 벌였다. '기독교인은 미국 놈의 편'이라고 생각한 공산당은 수많은 기독교인을 때려죽이고 '남한군이 들어왔을 때 대대적으로 환영했다'고 하여 마을주민들을 돌을 매단 새끼줄에 꽁꽁 묶어서 바다 속으로 집어 던졌다고 한다. 그때 시신이 바닷가에 얼마나 많았는지 차마 눈 뜨고 볼 수 없었다고 한다.

공산당의 박해는 점점 더 심해져 갔다. 예배를 드리지 못하게 막고, 예배 시작을 알리는 종을 치러 간 사모님을 종을 치지 못하게 막아서 사모님은 그대로 돌아와 목 놓아 우셨다고 한다. 염려가 된 성도들이 목선을 준비해 김병호 목사님께 가족과 함께 피난을 가시라고 간곡히 부탁했다. 하지만 목사님은 성도들을 버리고 갈 수 없다며 교회를 지켰다. 그러던 어느 날, 공산당이 몰려와 교회에 불을 질렀다. 해질 녘 염산의 하늘은 그야말로 불바다였다.

염광군의 많은 분들이 순교의 길을 가셨다. 노병재 집사님도 순교를 하신 분들 중의 한 분이다. 피난을 가지 않고 교회를 지키다가 순교 당하신 것이다. 북한군은 노병재 집사님을 새끼로 꽁꽁 묶은 후 돌을 매달아서 수문대로 집어 던졌다. 출렁이는 바다에 던져지는 순간까지 그분은 '내주를 가까이 하려함은'이라는 찬송을 부르시며 순교의 길을 걸어가셨다. 노병재 집사님의 뒤를 이어 부인과 어머니, 아들, 며느리 등 22명이나 되는 사람들이 돌에 매달려 바다로 던져졌다. 한 집안 전체가 순교 가정이 되었다.

하상 장로님과 이순심 집사님 또한 순교자의 길을 묵묵히 걸어가셨다. 하상 장로님과 이순심 집사님은 칼과 대창에 찔리고 매를 맞아 죽어 가면서도 '내 일생 소원은 늘 찬송'이라는 찬송가를 부르면서 천국으로 가셨다.

9.28 수복 한 달 뒤, 공산당은 김병호 목사님과 사모님, 자녀들을 마당으로 불러 모았다.

"미군 앞잡이인 너희 아버지는 반동분자다. 너희 아버지를 창으로 찔러 죽여라. 그러면 너희를 살려주겠다."

북한군은 목사님의 자녀들에게 소리쳤다. 자식들이 아버지를 죽일 수는 없다며 끝까지 저항했다. 그러자 자녀들 앞에서 옆에 놓여 있던 나무 장작으로 아버지를 때리기 시작했다. 목사님은 공산당이 내리치는 장작에 맞으면서도 평온한 얼굴로 계속해서 찬양을 부르셨다.

'하나님의 뜻이니 순교의 영광을 주옵소서.'

목사님은 기쁨에 찬 얼굴로 찬송을 소리 높여 불렀다. 사모님도 따라 불렀다. 자녀들도 따라 불렀다. 맞아서 만신창이가 된 목사님은 피를 토하면서 쓰러지셨다. 그러고는 이렇게 말하셨다.

"이 사람들을 미워하지 마라. 무서워하지 마라. 이들은 하나님을 몰라서 그런 것이다."

목사님은 끝까지 찬송을 부르면서 영광스런 순교의 자리로 가셨다. 북한군은 4살난 어린 손녀까지 창으로 찌르고 때려서 죽였다. 이런 고통을 당하는 순간에도 믿음을 가진 사람은 순교의 자리에 가기까지 후퇴가 없다. 전진만 있을 뿐이다. 순교자의 피는 지금 이 순간에도 힘차게 우리 속에 흐르고 있다. 이처럼 살아가면서 가장 힘들 때 주님의 못 자국 난 손을 잡으면 순교의 자리에서도 찬양을 부를 수 있다.

　　거친 세상에서 실패 하거든 그 손 못 자국 만져라
　　고된 일 하다가 힘을 얻으리 그 손 못 자국 만져라
　　그 손 못 자국 만져라 그 손 못 자국 만져라
　　주가 널 지키며 인도 하시리 그 손 못 자국 만져라

전도대원들 가운데 돌아오는 길에 오늘 들었던 이야기를 꺼내는 사람은 아무도 없었다. 그만큼 그분들의 순교가 너무 가슴이 아프고 목이 메었던 것이다.

"오늘 우리가 복음을 전하는 것은 순교한 그분들에 비하면 정말 아무것도 아닌 것이란 사실을 깨달았습니다."

돌아오는 차 안에서 최 권사님이 잠긴 목소리로 말했다. 복음을 전하다가 조금만 힘이 들면 우리의 마음은 원망과 불평으로 가득 찬다. 주님의 못 자국 난 손을 잡을 생각은 안하고 모든 것을 놓아버릴 생각만 한다. 우리는 어쩌면 편안하게만 신앙생활을 하려고 하는 것은 아닌지 반성해 보아야 한다. 힘들수록 주님의 못 자국 난 손을 붙드는 훈련이 우리에게 필요하다. 다른 사람이 가기 싫어하는 십자가의 길을 일부러라도 따라가는 훈련이 필요하다.

시련으로 견고하게 뿌리 내리는 신앙

너희가 서로 영광을 취하고 유일하신 하나님께로부터 오는 영광은 구하지 아니하니 어찌 나를 믿을 수 있느냐 요 5:44

올바른 신앙인이라면 삶의 모든 영역에서 하나님의 영광을 구하며 신앙인답게 생활해야 한다. 잘못된 신앙생활은 오히려 예수님을 믿지 않는 사람들에게 잘못된 편견을 심어줄 수 있다. 하지만 진정한 신앙생활을 영위한다면 주변 사람들에게 아름다운 향기를 전하는 사람으로 기억될 것이다. 진정한 신앙인의 자세는 불신자들로 하여금 교회로 돌아오는 역사가 일어나도록 하는 것이다. 교회 밖에서도 신앙인답게 바로 서는 것이 진정한 신앙생활을 이어가는 것이다.

그럼 신앙인답게 살아가기 위해서는 어떻게 해야 할까? 내 안에 주님이 살아 계셔야 한다. 주님 안에서 깊은 신앙의 뿌리를 내려야 한다. 주님에 대한 믿음이 올바른 신앙생활을 해나갈 수 있는 나침반이 된다. 여행 중에 겪은 일화를 소개하고자 한다.

슬로바키아에 갔을 때의 일이다. 알프스 산자락에 있는 호텔에 머물렀다. 새벽에 나갈 채비를 했다. 가이드를 따라 한참을 가다보니 산등성이에 수많은 아름드리 나무들이 쓰러져 있었다. 가이드는 나에게 이렇게 말했다.

"목사님, 이곳은 한 번도 거센 바람이 분 적이 없는 곳입니다. 그런데 몇 년 전에 광풍이 휘몰아 쳤습니다. 그 바람에 이 거목들이 모두 쓰러져버렸습니다. 그러고 나서 뿌리를 보니 뿌리가 얼마나 얕은지 참으로 놀랐습니다."

그 이야기를 듣고 많은 것을 깨달았다. 아무리 거대한 나무도 뿌리가 깊지 못하면 그렇게 쓰러지는 것이다. 그것도 거센 바람 한 번 불었을 뿐인데 말이다. 우리의 신앙도 마찬가지이다. 겉보기에는 신앙이 좋은 분들이 많이 있다. 그러나 예수님 안에서 뿌리를 깊게 내리지 못해 갑자기 어려운 시련이 닥쳐오면 뿌리 채 흔들리는 경우를 종종 본다. 결국 하나님을 원망하고 불평하며 마침내 교회를 떠나게 된다.

그러므로 우리는 주님 안에서 깊은 신앙의 뿌리를 내려야 한다.

주님과 꼭 붙어 있을 때라야 어떠한 폭풍우와 비바람이 불어도 한 치의 흔들림 없이 시련을 이겨낼 수 있다. 이런 시련이 닥쳐오면 올수록 주님 안에서 신앙의 뿌리를 더 깊이 내려서 그 믿음을 견고하게 해야 승리하는 믿음의 생활을 할 수 있다.

한번은 여름휴가를 얻어서 뉴질랜드를 다녀왔다. 그곳에 있는 레드우드라는 공원을 들렀다. 가이드는 나와 동역자를 데리고 큰 나무 한 그루가 쓰러져 있는 곳으로 이끌었다. 쓰러진 나무 주위로는 빙 둘러서 푸르른 거목들이 무럭무럭 자라고 있었다. 가이드는 가운데 쓰러져 있는 나무를 '예수님 나무'라고 말했다. 예수님이 십자가에서 돌아가심으로 모든 인류를 구원하셨듯이 그 나무도 자기의 생명을 던져 자신의 몸에 뿌리내린 다른 나무들을 살렸다는 것이다. 쓰러진 예수님 나무 위로 큰 거목들이 너무나 건강하게 자라고 있는 모습을 볼 수 있었다.

그 나무가 너무 신기해서 한참을 보며 서 있었다. 나무를 보면서 이런 생각을 지울 수가 없었다. '우리의 신앙이 저 나무와 같아야 할 텐데…. 그리스도 안에서 자신의 생명까지도 내어줄 수 있는 그런 신앙인의 모습이 될 때 우리는 하나님이 기뻐하는 신앙인이 될 수 있을 거야….' 신앙 안에서의 죽음, 생명을 살리는 죽음, 자신의 생명까지도 아낌없이 내어줄 수 있는 그러한 신앙을 우리는 가져야 한다. 그럴 때 모든 영광을 하나님께 돌릴 수 있다.

북한에서 들려온 감동의 찬양소리

캐나다에서 오신 목사님 한 분을 만난 적이 있다. 조 목사님은 한국에 들어오기 전 북한에 잠시 들렀다가 한국으로 들어오셨다. 목사님은 선교를 목적으로 캐나다로 이민을 가서 시민권을 받는 사람이 많다고 하셨다. 그런 사람들은 일을 하면서 돈이 어느 정도 모아지면 그것을 가지고 북한에 들어가서 선교활동을 한다고 한다.

조 목사님은 북한에서 이런 선교활동을 하는 의사를 만났던 이야기를 들려 주셨다. 그 의사는 캐나다에서 병원을 운영하면서 자금이 어느 정도 모이면 그때부터 병원 문을 닫고 북한에서 3년 동안이나 의료선교를 하고 있는 분이었다. 하지만 북한에서는 감시의 벽이 너무 높아서 전도를 하는 데 많은 어려움을 겪고 있다고 했다.

그분은 그런 역경에도 굴하지 않고 의료선교를 하면서 북한 감시원의 눈을 피해 조심스럽게 복음을 전하고 있었다. 하루도 거르지 않고 이른 아침이면 저자거리로 나와서 많은 사람들 틈에서 '나 같은 죄인 살리신'이란 찬양을 휘파람으로 불었다. 한국 전쟁이 발발하기 전까지 평양은 '제2의 예루살렘'이라고 불릴 정도로 믿음의 사람들이 많았던 곳이다. 그래서 혹여나 신앙을 지키고 있는 분이 있을까 그 일을 멈출 수가 없었던 것이다.

그렇게 하기를 3년, 그날 아침에도 여느 때와 마찬가지로 '나 같은 죄인 살리신'이라는 찬양을 휘파람으로 부르며 골목을 지나가고 있었다. 그때 "나 같은 죄인 살리신 주"라는 모기소리만큼 작은 찬양 소리가 들렸다. 골목 어귀에 앉아 있던 할머니 한 분이 그 찬양을 따라 부르는 것이었다. 그때의 심정이란 이루 말할 수 없을 정도였다. 그 의사는 그날의 벅찬 감동을 절대로 잊을 수가 없다고 말했다. 조 목사님은 그 의사와 함께 기도하고 예배를 드리면서 성령의 감동과 은혜를 받고 오셨다고 말씀하셨다.

나는 목회자로서 지금까지 열심히 사역을 하면서 살아왔다고 생각했다. 하지만 그 이야기를 듣는 순간 나 자신이 부끄러워졌다. '과연 나의 신앙적 깊이는 어느 정도일까? 나도 몸과 마음을 다 바쳐서 북한 땅에 가서 그 의사처럼 사역을 할 수 있을까?' 그런 생각이 자꾸만 나의 자격을 의심하게 만들었다.

하지만 묵상 중에 내 힘으로는 할 수 없지만 주님이 함께 하시면, 그리고 내가 주님의 못 자국 난 손을 잡고 있다면 할 수 있을 것이라는 용기가 불끈 솟았다. 복음을 전할 때 내 힘만으로는 할 수 없다. 힘들고 어려울 때마다 주님의 손을 붙든다면 힘든 일이 닥쳐도 주님께서 모든 것을 책임져 주실 것이다.

남이 가기 싫어하는 길, 힘들고 고달픈 길이 복음을 전하는 길이 아닐까 생각해 본다. 그럼에도 불구하고 주님의 못 자국 난 손을 붙들고 억지로라도 따라가다 보면 주님이 주시는 행복을 얻게 될 것이다.

전도, 해도 해도 안 되는가? 주님의 못 자국 난 손을 만져보라.

믿지 않는 내 남편, 아내, 자녀, 부모님, 이웃을 가슴에 품고 눈물을 뿌려가며 기도하고 주님의 못 자국 난 손을 만져라. 우리의 선진들은 순교의 자리에서 고난과 역경을 이겨내기 위해 주님의 못 자국 난 손을 꼭 붙들었다. 그렇기에 오늘날 우리가 이 자리에 서 있을 수 있는 것이다. 흔들리는 믿음 때문에 죽어가는 한 영혼을 살리기 위해 눈물을 뿌려가며 기도하고 주님의 못 자국 난 손을 붙잡도록 힘쓰자.

　전도대원들은 추운 겨울이나 더운 여름에도 하루도 빠지지 않고 열심히 전도 현장에서 복음을 전한다. 모든 전도대원들이 힘이 들 때 항상 주님의 못 자국 난 손을 붙드는 줄로 안다. 전도의 어려움을 극복하고 열정적으로 복음을 전하는 그들의 모습, 이 세상에서 가장 아름다운 모습을 볼 때면 나의 눈에 뜨거운 눈물이 흐른다.

chapter 06
정착의 중요성

눈물을 흘리며 씨를 뿌리는 자는 기쁨으로 거두리로다 울며 씨를 뿌리러 나가는 자는 반드시 기쁨으로 그 곡식 단을 가지고 돌아오리로다 시 126:5-6

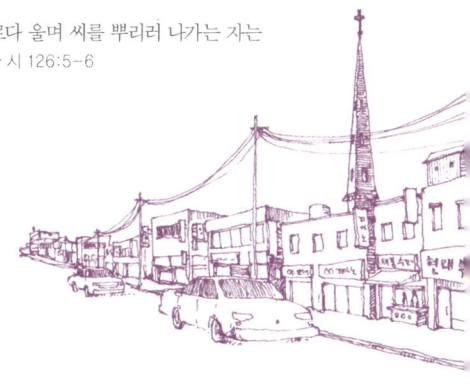

전도 현장에서는 6가지의 훈련이 반드시 필요하다.

첫째, 현장 훈련이다.

전도를 하려면 현장 훈련이 대단히 중요하다. 모든 전도가 현장에서 이루어지기 때문이다. 그래서 나는 전도 교육은 최대한 짧게 하고 바로 현장으로 투입시킨다. 무조건 현장에 나가서 사람들을 만나고 부딪쳐야 전도 능력이 향상되기 때문이다. 사람을 만나서 전도하려고 하면 부끄럽고 무슨 말을 해야 할지 몰라 두렵고 당황하기 마련이다. 하지만 이런 훈련이 지속되면 비로소 전도를 자연스럽게 할 수 있다.

과천교회에는 전도를 너무나 잘하는 박 집사님과 변 집사님이 있다. 하지만 이분들도 처음에는 서툰 초보 전도대원이었다. 박 집사님과 변 집사님이 처음 현장으로 전도하러 나갔을 때, 아파트의 현관 벨을 누르면서 이렇게 기도했다고 한다.

"하나님, 이 집에 제발 사람이 없게 해주세요."

어떤 때는 한술 더 떠 이렇게 기도했다고 한다.

"사람 없어라, 사람 없어라."

이 이야기를 전해들은 전도대원 모두가 깔깔거리면서 웃었다.

그렇다. 나도 처음에는 이런 마음으로 전도를 나갔다. 그러나 이러한 두려움을 없애려면 열심히 현장에 나가서 많은 사람에게 복음을 전하는 방법 밖에 없다. 처음에는 박 집사님과 변 집사님처럼 두려움에 차라리 문이 열리지 않기를 간절히 기도하기도 한다. 하지만 이렇게 여러 번 현장에 나가서 전도를 하다보면 나중에는 담대한 마음이 생겨서 누구를 만나도 쉽게 복음을 전할 수 있다. 나중에는 오히려 사람을 만나지 못해서 안달하게 된다. 그러기 위해서는 우리에게 수많은 현장 훈련이 동반되어야 한다.

둘째, 인내해야 한다.

전도는 열매를 바라보고 하면 반드시 실패한다. 전도를 하다가 등록이 없으면 낙심하고 좌절하게 된다. 자신은 전도에 대한 은사가 없다고 포기하는 경우도 종종 본다. 이런 일은 등록에만 전도의 의미를 부여하기 때문에 생기는 것이다.

많은 교회 목사님들이 우리 교회에 전도훈련을 받으러 오셔서 이렇게 묻는다.

"목사님, 처음에는 전도대 인원이 70명이었습니다. 그런데 지금은 10명밖에 남지 않았습니다. 어떻게 해야 할까요?"

그러면 나는 이렇게 말씀드린다.

"전도대원들이 너무 열매에만 신경을 쓰다 보니 그런 일이 생기는 겁니다. 등록하는 사람이 없으면 전도하는 재미를 금방 잃어버리는 것이죠."

전도는 씨를 뿌리는 것이다. 등록에 신경을 쓰지 말고 씨를 뿌린다는 생각으로 열심히 전도하다 보면 차차 열매를 맺게 된다. 나는 전도대원들에게 씨를 뿌린다는 심정으로 놀러 나갔다 오라고 한다. 그리고 이왕 씨를 뿌릴 거면 재미있게 뿌리라고 한다.

한번은 반포에 있는 교회에서 과천교회로 전도훈련을 받으러 왔다. 우리 전도대원들과 그 교회 전도대원들을 한 명씩 짝지어서 1단지 아파트로 전도를 보냈다. 나는 여태껏 많은 사람들에게 전도훈련을 시켜서 이제는 척보면 이 사람이 열심히 할 사람인지 아닌지 알아볼 수 있다. 반포에서 온 한 여자 성도는 그중에 한 명이었다. 꽤 교만해 보였고, 또한 전도를 열심히 하지 않을 것 같아 보였다. 그래서 특별히 우리 교회에서 열성적으로 전도하기로 소문난

분과 짝을 지어드렸다.

전도대원들이 전도를 나갔다. 시간이 흘러서 전도대원들이 하나 둘씩 교회로 돌아오기 시작했다. 다른 전도대원들은 모두 돌아왔는데, 그 여자 분이 속한 조는 한참이 지나도 돌아오지 않았다. 교회로 돌아온 전도대원들의 식사가 거의 끝나갈 무렵에야 이 분들이 돌아왔다. 그런데 아까 그 여자 성도의 교만한 모습은 온데간데없고 환한 얼굴로 들어왔다. 그러더니 나에게 다짜고짜 사과부터 했다. 나는 깜짝 놀라서 이유를 물었다. 그랬더니 그분이 내게 이렇게 말했다.

"전도대원들과 함께 아파트 3개 동을 돌았습니다. 그런데 한 집의 문도 열리지 않았습니다. 한 사람도 못 만나니 화가 나더군요. 이 아까운 시간에 뭐하러 이런 짓을 하고 다니는지 모르겠다는 생각이 들었습니다. 그냥 그만두고 집으로 가려다가 우리 교회 목사님 생각이 나지 뭐예요. 예의상 몇 집 안 남았으니 끝까지 해야겠다고 생각했습니다. 그런데 마지막 세 집의 문이 모두 열렸습니다. 결국 한 집은 방까지 들어가서 복음을 전하고 이번 주일에 나오기로 약속까지 했습니다. 얼마나 흥분되는지 모르겠습니다."

전도하는 사람들이 힘든 것은 집에 사람이 없거나 문을 열어주지 않을 때의 좌절과 낙심 때문일 것이다. 그러나 그런 가운데서도 인내하고 매일매일 전도를 나가다보면 오늘은 이 집, 내일은 저 집의 문이 열려 모든 사람을 만나서 은혜를 경험하고 복음을 전하게 될 것이다.

셋째, 전도는 조직적이고 체계적일 때 많은 열매를 맺는다.

"목사님, 우리 구역에 한 가정이 이사를 오셨는데 같이 전도하러 가주세요."

김 집사님이 내게 전도하는데 같이 가달라고 부탁했다. 그래서 우리는 함께 아파트로 달려가서 이사 온 가정의 벨을 눌렀다. '삐리리릭, 삐리리릭' 초인종 소리가 경쾌하게 울렸다.

"누구세요?"

인터폰을 통해 집 주인의 목소리가 들려왔다.

"안녕하세요, 과천교회에서 왔습니다."

김 집사님과 나는 동시에 대답했다.

"어머, 과천교회요?"

집 주인이 반가운 목소리로 대답하며 기분 좋게 문을 열어줬다. 이런 일은 흔치 않기에 나는 속으로 '우리 교인인가? 아니면 인근 동네에서 이사 왔나?' 하고 생각했다. 나는 집 주인에게 상냥한 목소리로 물었다.

"어떻게 과천교회를 아세요?"

집 주인은 자초지종을 설명해 주었다.

"사실은 며칠 전에 이사를 왔어요. 그래서 어제 삼촌을 집으로 초대해서 저녁 식사를 함께 했지요. 그런데 식사 중에 다짜고짜 저에게 교회에 나가느냐고 물어보시는 거예요. 그래서 저는 다닌다고 말씀드렸지요. 그랬더니 교회를 나가려면 과천교회로 나가라는 거예요. 절에 다니는 삼촌이 과천교회로 나가라고 권하시기에 놀라서 물어보았더니 과천교회에서 삼촌 집으로 전도를 나왔다고 하셨어요. 그런데 과천교회 전도대원들을 보니 괜찮은 것 같았는지 자신은 절에 나가면서도 교회를 다닐 거면 과천교회로 나가라고 권하셨어요."

나는 그 이야기를 듣고 깜짝 놀랐다. 절에 다니는 사람이 우리 교회를 소개했다는 사실이 너무도 감사했다. 새로 이사 온 그 여자는 그 주일에 과천교회에 등록했다.

과천교회는 약 150명의 전도대원들이 둘씩 짝을 지어 한 조로 나간다. 14년 동안 2주에 한 번씩 구역을 모두 돌면서 전도하기 때문에 많은 열매를 맺는다. 과천교회 전도대는 자신이 맡은 구역은 몇 년에 걸쳐 지속적으로 관리를 한다. 그래서 전도가 안 되더라도 계속해서 관계는 맺는다. 그러면 10년 만에 등록하는 사람도 생기고 5년 만에 등록하는 사람도 생긴다. 위의 이야기처럼 절에 다니는 사람이 친척에게 과천교회를 소개해주는 일도 생긴다. 우리는 과천에 사는 모든 주민들이 과천교회를 모르면 안 된다는 각오로 전도에 임했다. 그런 열정을 가지고 전도에 임하니 많은 열매를 맺을 수 있었다.

노량진교회로 와서도 전도대를 조직하면서 구역을 체계화시켰다. 노량진, 상도동, 흑석동, 본동의 땅을 모든 전도대원에게 나눠준 후 2주면 이 구역을 한 바퀴 돌 수 있도록 계획했다. 노량진교회는 위치가 안 좋다. 교회에서 전도를 하러 나가려면 대부분 차를 타고 나가야 한다. 그래서 매일 전도대원들을 차를 태워서 현장으로 내보내고 있다. 그러나 놀라운 것은 거리가 멀어도 한 가정 한 가정씩 전도가 되어서 구역이 점점 부흥되어 가고 있다는 사실이다. 전도는 조직적이고 체계적일 때 많은 열매를 맺는다. 나의 소망이 있다면 모든 교회가 자신의 교회를 중심으로 구역을 정해놓고 그 안에 사는 사람들을 책임지고 전도하는 것이다. 그러다보면 머지않아 우리나라에도 복음의 새 역사가 일어나게 될 줄로 믿는다.

넷째, 핍박도 감사함으로 이겨내야 한다.

나로 말미암아 너희를 욕하고 박해하고 거짓으로 너희를 거슬러 모든 악한 말을 할 때에는 너희에게 복이 있나니 기뻐하고 즐거워하라 하늘에서 너희의 상이 큼이라 너희 전에 있던 선지자들도 이같이 박해하였느니라 마 5:11-12

전도를 하다보면 핍박받는 순간이 많다. 그러나 핍박받는 것 자체를 두려워하면 전도를 할 수 없다. 나 역시 전도를 하는 가운데 핍박을 참 많이 받았다. 정신병자 취급도 받았다. 왕소금 세례도 받았다. 칼침도 받고 욕도 얻어먹었다. 그러나 그것 때문에 낙심한 적은 한 번도 없었다.

우리 전도대원들도 핍박을 많이 받았다. 얼굴에 가래침도 맞고 머리카락도 잡혔다. 정신이 이상한 사람을 만나서 방에 갇히고 욕도 얻어먹었다. 그래도 우리 전도대원들은 한 번도 그 일로 전도를 쉬거나 그만두지 않았다. 나쁜 일을 당하면 오히려 좋은 기회로 삼아 전도한 예가 많다. 그런 사례를 소개해 보고자 한다.

한번은 파출소에서 전화가 왔다. 전화를 받자 짜증 섞인 목소리로 한 남자가 말했다.

"전도사님이십니까? 여기 파출소인데 빨리 오셔서 이분들 좀 데려가세요."

"무슨 일입니까? 저희 교회 집사님이 왜 파출소에 잡혀 있는 거예요?"

나는 놀라서 다급하게 물었다.

"두 분이 전도하러 가셨다가 문이 열리니까 아마 그 집으로 그냥 들어갔던 모양입니다. 집 주인이 신고를 해서 모시고 왔어요."

"알았습니다. 얼른 가겠습니다."

황급히 파출소로 향했다. 가는 내내 가슴이 콩닥콩닥 뛰고 마음이 진정되지 않았다. '전도하다가 파출소까지 갔으니 얼마나 상처를 받았을까?' 풀죽은 전도대원들을 생각하니 어떻게 위로를 해야 할지 알 수가 없었다. 파출소에 도착하자 문을 확 젖히면서 뛰어 들어갔다.

그 순간…, 파출소에서는 너무도 놀라운 광경이 펼쳐지고 있었다. 한쪽에 쭈그리고 앉아 있을 줄 알았던 두 분 권사님이 경찰을 한 명씩 붙들고 전도를 하고 있었던 것이다. 파출소 안으로 들어선 내게 경찰관이 사정하기 시작했다.

"전도사님이세요? 빨리 이 분들 좀 모셔가세요. 예수 믿으라고 난리도 아닙니다."

나는 의자에 앉아서 기도를 하고 전도하는 데 합류했다. 놀랍게도 그 주에 그 경찰서의 당직자만 빼놓고 모든 경찰관이 우리 교회에 등록했다. 그 사건을 통해 나는 훈련이 정말 중요하다는 사실을 다시 한 번 깨달았다.

전도는 훈련이 되면 위기를 기회로 삼을 수 있다. 바울과 실라 역시 복음을 전하기 위해 생명을 바쳐 일하는 훈련이 되었기에 감옥에 가서도 기도하고 찬양했다. 그 가운데 차꼬가 풀리고 큰 지진이 일어나서 옥 터가 움직이고 문이 다 열리며 매인 것이 모두 벗어졌다. 하지만 그때 도망가지 않고 오히려 복음을 전했기 때문에 간수와 그 가족까지 구원받는 놀라운 열매를 맺게 되었던 것이다.

또 다른 에피소드를 하나 더 소개한다. 과천 9단지에는 단독 세대가 많다. 남 권사님은 수년 째 9단지에 나가서 매일같이 복음을 전했다. 그날도 자신이 맡은 구역을 한 집도 빠짐없이 돌면서 현관 벨을 누르고 있었다. 그런데 평상시에는 항상 문이 닫혀 있던 어느 집의 현관문이 열려 있었다. 남 권사님은 기쁜 마음으로 벨을 눌렀지만, 집 안에서는 아무런 기척도 없었다.

"안녕하세요? 과천교회에서 나왔습니다."

남 권사님은 인사를 하면서 집 안으로 들어갔다. 그때였다.

"으르렁~ 꽉!"

"아이고 아파라!"

그 집의 개가 뛰어나와 남 권사님의 발목을 물었다. 그 광경을 본 주인은 어쩔 줄 몰라 했다.

"어떡해요? 치료를 받아야 할 것 같네요. 병원에 같이 가시죠."

"괜찮습니다. 다음에 다시 오겠습니다."

남 권사님은 얼굴 한 번 찡그리지 않고 그 집을 나왔다. 나는 이야기를 듣고 너무나 가슴이 아팠지만 다른 한 편으로는 고마웠다. 남 권사님을 모시고 병원으로 갔다.

"의사 선생님, 개에게 물렸습니다."

"큰일날 뻔 하셨네요. 광견병 주사와 파상풍 주사를 놔 드릴게요. 앞으로 조심하세요. 잘못 물리면 큰일 납니다."

남 권사님은 다음 주에 그 집을 다시 방문했다. 개에게 물리면 겁이 날 만도 한데 권사님은 쉬지 않았다.

"안녕하세요? 개에게 물린 곳은 어떠세요? 너무나 죄송해서 드릴 말씀이 없네요. 누추하지만 들어오셔서 차 한 잔 하고 가세요."

남 권사님은 그 집에 들어가서 집 주인과 이런저런 이야기를 나누면서 친해졌다. 얼마가지 않아 집 주인은 교회에 등록했다. 그리고 지금은 열심히 신앙생활을 하고 있다. 나중에 안 사실이지만, 그 집 주인은 개에게 과천교회 가방을 보면 물도록 훈련을 시켰다는 것이다. 당시 과천교회는 전 교인이 똑같은 가방을 들고 다녔기 때문이다.

"목사님, 가끔 한 번씩은 개에게 물려도 괜찮네요."

남 권사님은 이런 말을 하면서 웃었다. 나는 남 권사님의 그 해맑은 웃음소리를 지금도 잊지 못한다. 너무도 아름다운 웃음소리였기 때문이다.

세 번째 에피소드.

하루는 김 권사님이 눈 주위가 시퍼렇게 멍이 든 채 전도대에 나왔다. 김 권사님은 안구까지 충혈되어 있었다. 만신창이가 된 얼굴을 본 순간 나는 너무도 놀라서 어찌된 영문인지 물어보았다.

"어제 전도를 갔다가 이 모양이 되었지 뭡니까?"

김 권사님은 자신이 맡은 구역으로 전도를 나가서 어느 아파트 문 앞에서 벨을 눌렀다. 안에 사람이 있는지 사람 소리가 들렸다. 다시 벨을 눌렀다. 안에서는 웃음소리와 이야기 소리가 들렸지만 문을 열 생각을 하지 않았다. 몇 번 더 벨을 눌러도 들은 체도 안 하고 문을 열어주지 않자 김 권사님은 오기가 발동했다. 그래서 문을 열 때까지 끈질기게 벨을 눌렀다.

그랬더니 집 안에 있던 주인이 화가 났다. 집 주인은 살금살금 걸어와서 문을 확 열어젖혔다. 그 바람에 문 앞에 서 있던 권사님이 쇠문에 얼굴을 정면으로 맞았던 것이다. 그 충격에 김 권사님은 문 앞에서 쓰러졌다. 일이 이렇게 커질 줄 몰랐던 집 주인은 몹시 당황했다.

"어머, 어떡해요. 빨리 병원으로 가요. 큰일 나겠어요."

"괜찮습니다. 집에 가서 조금 쉬면 나을 것 같아요. 다음에 또 오겠습니다."

미안해하는 집 주인을 뒤로 한 채 김 권사님은 화도 내지 않고 괜찮다는 말만 되풀이 한 후 집으로 돌아왔다. 다음날, 김 권사님은 시퍼렇게 멍든 눈을 가리기 위해 파운데이션을 두껍게 바르고 교회로 나왔다. 그러고는 어제 있었던 이야기를 웃으며 하는 게 아닌가! 이야기를 듣는 순간, 김 권사님이 받았을 상처가 얼마나 컸을지 가슴으로 아픔이 전해져왔다.

"권사님, 몸이 너무 안 좋아 보이세요. 오늘 하루만 쉬셨으면 좋겠네요."

"아닙니다. 하루 쉬면 그만큼 전도하는 시간이 줄어드는 데 어떻게 쉴 수가 있겠어요?"

김 권사님은 내 말에 고개를 가로저으며 대답했다. 그러고는 평소와 다름없이 전도하러 나갔다. 그 모습을 보면서 나는 너무나 감사했다. 김 권사님이 열정적으로 복음을 전하고 다니는 모습을 보니 나까지 힘이 솟아나는 듯했다.

네 번째 에피소드.

과천교회 옆에 5층짜리 주공 아파트가 있었다. 그 아파트 3층에 욕쟁이 할아버지가 살고 있었다. 얼마나 욕을 잘하는지, 전도를 하러 집 앞에 가서 벨을 누를 때마다 나와서 온갖 심한 욕설을 다 내뱉었다. 하지만 그 아파트를 맡고 있던 전도대원은 끝까지 포기하지 않고 할아버지를 찾아갔다.

그날도 대원들은 주공 아파트로 향했다. 벨을 누르자 할아버지가 나와서 집사님들에게 들어오라고 했다. '아, 이 할아버지의 마음이 조금은 열렸구나!' 두 분 집사님은 기뻐하며 집 안으로 들어갔다.

집 안에 들어서자마자 욕쟁이 할아버지는 마치 이 순간을 기다렸다는 듯이 쉬지 않고 욕을 하기 시작했다. 했던 욕을 또 하고 또 하고…, 그러기를 2시간 동안 집사님들은 그분의 욕을 웃으면서 모두 들어주었다.

"어디 할 말이 있으면 해보시오."

할아버지는 실컷 욕을 한 후 집사님들에게 하고 싶은 말을 해보라고 성화를 부렸다. 이때다 싶어서 집사님들은 할아버지에게 복음을 전하기 시작했다.

"할아버지, 살아오신 날보다 살아가실 날이 적지요? 이제는 죽음도 준비하셔야 되잖아요?"

그때부터 전도대원들과 할아버지는 지속적으로 관계를 맺으며 친하게 지냈다. 얼마 지나지 않아 그 할아버지는 교회에 등록했다. 신기한 것은 할아버지가 교회에 등록한 이후로는 한 번도 할아버지가 욕하는 모습을 본 사람이 없다는 것이다. 핍박을 이겨낸 지속적인 전도는 한 사람을 완전히 변화시킨다.

나는 전도대원들을 이렇게 훈련시켰다.

"우리도 예수님을 믿기 전에는 교회를 핍박하는 사람들과 별반 다를 바가 없는 존재였습니다. 하지만 예수님을 믿고 난 후 우리의 모습이 달라졌어요. 전도하실 때 어려움이 닥치더라도 항상 그 사실을 기억해야 합니다."

얼마 전 다른 교회에 다니는 집사님이 내 강의 테이프를 듣고는 전도를 배워보겠다고 노량진교회로 찾아 왔다. 나는 우리 교회 전도대원들과 함께 그 집사님을 현장에 내보냈다. 한참 후에 전도대원들이 교회로 들어왔다. 그런데 아까 그 집사님은 보이질 않았다.

"아까 오셨던 집사님, 어디 가셨어요? 왜 같이 들어오시지 않고…."

"전도하는 도중에 아파트 경비 아저씨가 소리를 질렀어요, 나가라고. 그분은 그 소리를 듣자마자 놀라서 전도를 포기하고 집으로 돌아가셨어요."

함께 현장으로 나갔던 전도대원이 말했다. 그 이야기를 들으니 한편으로는 우습기도 하고 다른 한편으로는 마음이 아팠다. '아마 그분은 앞으로도 전도하기 힘들 것 같다'는 생각이 들었다. 누가 언제 어디서 핍박을 하더라도 강하고 담대하게 복음을 전할 수 있는 훈련이 필요하다. 믿지 않는 사람들을 전도하는 것은 너무나 어렵고 힘든 일이다. 하지만 그 사람들도 예수님을 만나면 우리처럼 변하는 역사가 일어날 것이라는 확신을 갖고 전도하면 반드시 열매를 맺게 될 것이다.

다섯째, 전도는 심부름꾼이라는 자세로 임해야 한다.

"목사님, 저 집은 전도할 곳이 아니에요."
"왜 하면 안 됩니까?"
나는 어리둥절한 표정으로 전도대원에게 물었다.
"저 집은 절에 나가잖아요."
그때서야 문 앞에 붙여져 있는 절패가 눈에 띄었다. 나는 보란 듯이 그 집의 벨을 꾸욱 눌렀다.
"누구세요?"
"안녕하세요. 과천교회에서 나왔습니다."
나는 평소보다 더 열성적으로 복음을 전한 후 교회로 돌아왔다. 전도를 하면서 이런 일을 종종 경험하게 된다. 이 일을 겪은 후 나는 전도대원에게 전도를 가려서 하면 안 된다는 사실을 확실히 전하는 것이 중요하다는 생각이 들었다. 전도를 마치고 교회로 하나 둘씩 전도대원들이 들어오기 시작했다. 모두 모이자 전도대원들을 불러 모으고 이렇게 말했다.

"여러분, 전도는 누가 하는 것입니까?"

"성령님이요."

전도대원들은 한 목소리로 대답했다.

"그래요. 전도는 성령님이 하십니다. 우리는 심부름꾼입니다. 도구지요. 심부름꾼은 심부름만 잘하면 됩니다. 심부름꾼이 보고 전도를 해야 할 집과 하지 않을 집을 구분하면 안 됩니다. 하나님이 땅 끝까지 복음을 전하라고 명령하셨으니 열심히 복음만 전하면 됩니다. 사람을 가리지 않고 누구에게든 복음을 전하다 보면 성령님이 우리를 통해서 마음껏 일하실 줄 믿으면 됩니다. 특히 우상을 섬기는 사람들에게 더 열심히 복음을 전해야 된다고 생각합니다."

그때부터 전도대원들은 절패가 붙어 있는 집은 물론이고 절에 가서도 전도를 하기 시작했다.

"길이요 진리요 생명 되신 예수님 밖에 구원의 길이 없습니다."

복음을 전하기 위해 절에 간 전도대원들은 이렇게 외치고 얼른 도망쳐 나왔다. 그 다음 주는 다른 팀이 그렇게 복음을 전하고 돌아왔다. 이렇게 복음을 전한지 한참이 흐른 어느 날이었다.

"집사님, 저 오늘부터 예수 믿을 겁니다."

"잘 생각 하셨습니다. 예수 믿어야 천국 가지요."

복음을 외치고 도망 나오던 절에서 한 승려가 복음을 받아들이는 놀라운 역사가 일어났다. 그 승려는 그날로 승복을 벗고 교회에 등록했다. 승려 중에는 절대로 예수를 믿을 사람이 없을 것 같았지만 우리의 생각과는 다르게 승려가 하나님을 영접하는 역사가 실제로 일어난 것이다.

그날 이후 그 절에서는 전도하러 오는 것을 철저히 막고 나섰다. 하지만 이에 굴하지 않고 우리 전도대원들은 지속적으로 복음을 전했다. 그러던 어느 날 한 승려가 전도대원에게 이렇게 말했다.

"저도 어릴 적에는 예수를 믿었어요. 성경책을 읽어보고 싶은데 가져다 줄 수 있을까요?"

전도대원들이 생각을 바꿔서 사람과 장소를 가리지 않고 열심히 전도하니 놀라운 역사가 나타난 것이다. 2천 년 전 예수님이 행하던 이적과 기사가 지금도 전도의 현장에서는 여전히 나타나고 있음을 기억해야 한다. 수십 년 절에 다니던 사람도 교회로 돌아왔다. 염주를 내려놓고 교회에 나와서 열심히 신앙생활을 하는 모습을 보면 얼마나 감격적인지 모른다.

6년 전 개척 교회를 하는 김 목사님으로부터 전화가 걸려왔다.

"사실은 장모님이 무당입니다. 과천에서 점집을 30년간 해오셨지요. 장모님을 위해서 저와 아내는 참 오랫동안 기도를 했습니다. 하나님이 저희의 기도에 응답을 해주셨는지 장모님이 교회에 나오겠다고 결정하셨습니다. 어려운 결정을 내리신 장모님을 위해 심방을 와주실 수 있겠습니까?"

목사님의 머뭇거리는 목소리가 수화기를 통해 들려왔다. 어렵게 부탁을 하신 모양이었다. 전화를 끊고 나서 곧장 목사님의 장모님 집으로 심방을 갔다. 집에 들어서니 우상들이 어찌나 많은지…, 목사님 가족은 부적과 불상 등 우상을 모조리 치우고 있는 중이었다. 예배를 드리기 위해 방으로 들어갔다. 사모님은 나와 함께 예배를 드리고 있는 어머니의 모습을 보고 가슴이 벅차올라 하염없이 눈물을 흘렸다. 목사님의 장모님은 그 주에 교회에 등록했다.

장모님이 교회에 나오신 날 교회에서는 한바탕 난리가 났다. 어떻게 저 사람이 교회를 나오게 되었냐면서 다들 놀란 기색이 역력했다. 알고 보니 장모님은 상당히 유명한 무당이었다. 그래서 주변에서 알아보는 사람이 많았다.

장모님은 교회에 등록하자마자 전도대원으로 활동했다. 나는 장모님을 위해 더욱 열심히 기도했다. 하지만 장모님은 기도할 때마다 사시나무 떨 듯 온 몸을 떨었다. 아직 신기가 남아 있었기 때문이었다. 그러나 어느 날부턴가 장모님이 영적으로 세워지기 시작했다. 총동원 주일을 앞두고 전도대원 모두에게 기도할 전도 대상자 명단을 적어오라고 했다. 다음날 장모님은 두꺼운 노트 여러 권을 가지고 오셨다. 노트를 펼쳐보니 성명, 주소, 전화번호가 적혀 있었다.

"이 많은 사람들이 다 누구에요?"

"전도 대상자입니다."

너무나 많은 인원이 적혀있는 데 놀라서 나는 입을 다물 수가 없었다.

"어디에서 이렇게 많은 사람들을 적어 왔습니까?"

"무당을 할 때의 손님들이에요. 이 사람들 다 천국에 갈 수 있도록 전도하려고 합니다."

그 말에 참 감사했다. 무당 한 사람이 주님께 돌아오니 그분의 고객들까지 전도 대상자로 변화되는 모습을 볼 수 있었다. 너무 기뻐서 장모님의 손을 꼭 잡아 드렸다. 목사님과 사모님의 어머니를 향한 눈물의 기도가 결국 그 영혼을 하나님께 인도했던 것이다. 복음의 역사는 기도로부터 시작된다. 그 장모님은 사위와 딸의 간곡한 기도로 하나님께 돌아올 수 있었다.

그렇다. 우리는 죽어가는 영혼을 위해 기도의 심부름꾼, 전도의 심부름꾼 역할을 열심히 수행해야 한다. 나머지는 주님께서 알아서 하실 것임을 믿자. 주님이 생명을 구원하시고 한 사람 한 사람을 주님의 사람으로 바로 세우시며 이 민족 위에 복음의 역사를 나타내실 줄로 믿는다.

여섯째, 주님을 믿지 않는 사람은 모두가 전도 대상자이다.

세상에서 가장 전도하기 어려운 사람은 누구일까? 바로 가족이나 일가친척, 이웃 등 가까운 곳에 있는 주변 사람들이다. 나의 모습을 가장 잘 알고 있는 사람이기에 더더욱 전도하는데 어려움이 따르기 마련이다. 나의 가장 밑바닥을 아는 사람이라 생활에서 본이 되지 못하면 당당히 복음을 전하기가 어려운 것이다. 설령 복음을 전하더라도 제대로 복음이 전달되지도 못한다. 그래서 가족의 전도는 남들에게 부탁한다.

"너나 똑바로 믿어."

남편에게 교회에 나가자고 권하면 남편은 종종 이런 말로 핀잔을 준다. 교회를 다닌다면서 예수 믿지 않는 사람들과 다른 게 뭐가 있느냐는 말이다. 교회를 다녀도 예수 믿는 사람처럼 행동하지 않기 때문에 이런 일이 발생한다. 그러므로 우리는 가정에서 더욱 긴장하고 본이 되는 생활을 해야 한다. 예수님을 믿기 전과 예수님을 믿고 난 후의 모습은 반드시 달라져야 한다. 그래야 믿지 않는 가족들이 '우리 엄마가, 우리 아내가 예수를 믿으면서 달라졌다'는 생각을 할 수 있다. 이 정도가 되어야 가족들을 전도할 수 있다.

이웃에 대해서도 자신이 당당하지 못하면 전도를 피하게 된다. 안타까운 일이다. 우리는 예수님을 믿지 않는 남편이나 자녀, 부모, 형제, 이웃에게 더욱 몸과 마음을 조심해서 올바른 모습을 보여야 한다. 집에 누워있다가도 남편의 퇴근 시간이 다가오면 옷가지도 정리하고 설거지도 하며 집을 말끔히 치우자. 남편이 좋아하는 된장찌개도 보글보글 끓여놓고 갓 지은 흰 쌀밥도 대령하자.

퇴근한 남편에게는 두 팔을 벌려 안아주고 귀엽게 애교도 부려보자. 식사가 끝나면 남편 옆에서 사랑한다는 고백도 하고 따뜻한

물을 떠다가 발도 씻어주자. 아내가 이렇게 남편을 섬기는데 싫어할 남편이 어디 있겠는가? 남편의 마음이 열리는 모습을 볼 수 있을 것이다.

아이들도 마찬가지다. 학교에서 돌아오면 "사랑한다"는 말과 함께 "잘했다. 수고했다"고 칭찬해주자. 아이가 잘못했을 때는 매를 들기보다는 항상 기도해주고 잘 타이르자. 이전에는 가족들에게 신경질이 잦았던 내 아내, 내 엄마의 달라진 모습을 보며 교회에 나가더니 사람이 달라졌다고 한 마디씩 거들 것이다. 그러면 자연적으로 가족도 교회에 다니게 되고, 온 가족이 하나님을 섬기는 복을 누릴 수 있게 될 것이다.

또한 옆집에 교회에 다니지 않는 사람이 있다면 그냥 이웃으로 생각하지 말고 전도 대상자로 여겨야 한다. 좋은 모습을 보이고 관계를 맺기 위해 관심을 기울여라. 집에서 맛있는 음식을 먹다가도 잊지 말고 전도 대상자와 나눠라. 탐스럽고 달콤한 사과도 갖다 주고, 먹음직스런 고구마도 쪄주고, 시장 갔다 오는 길에 떡 하나라도 사가지고 와서 드려라.

이때 섬김을 받는 사람이 부담감을 느끼지 않도록 하는 것이 중요하다. 음식을 주면서 "교회에 나오세요"라고 권하면 마음이 닫힐 수 있다. 그냥 생각나서 들렀다고 말하면서 자연스럽게 친분을 쌓는 것이 중요하다. 그렇게 하루 이틀 여러 날 동안 전도 대상자와 관계를 맺는다면 아주 친밀한 사이로 발전할 것이다. 그러면 자연스럽게 전도가 될 것이다.

    나 역시 전도를 위해 관계를 쌓는데 무던히 애를 쓴다. 맛있는 음식이나 좋은 물건이 생기면 무조건 전도 대상자들에게 나눠준다. 이렇게 정성스럽게 섬기는 가운데 교회에 등록하는 은혜가 나타난다. 그런데 주의할 점은 이 분들이 교회에 등록했다고 관계를 끊어서는 안 된다는 것이다. 등록한 후에도 지속적인 관심과 사랑을 가지고 섬기다 보면 친구와 친지, 가족을 전도해오는 역사 또한 생긴다. 그렇게 섬김을 받은 새신자는 그 은혜를 다른 새 신자에게 전달하는 것을 종종 볼 수 있다.

chapter *07*
전도보다 중요한 양육

네가 이것으로 형제를 깨우치면 그리스도 예수의 좋은 일꾼이 되어
믿음의 말씀과 네가 따르는 좋은 교훈으로 양육을 받으리라 딤전 4:6

양육의 은혜

과천교회 전도대가 생긴지 14년이 되었다. 전도대가 만들어진 후 전도대원들의 헌신과 열정으로 새신자가 급속하게 늘어났다. 한 주에 거의 1백 명 가까이 등록을 했으니 어마어마한 숫자다. 하지만 많은 새신자가 한꺼번에 교회에 등록을 하다 보니 양육에 문제가 생겼다.

나는 전도하는 데만 신경을 모두 쏟아 부었던 터라 양육에는 힘을 쓸 수가 없었다. 자연히 정착률이 높지 못했다. 이 사실을 알게 된 전도대원들의 원성이 높아졌다. 어렵게 전도해서 데리고 온 새신자들이 교회에 한두 번 나오다가 발길을 끊어버려 힘들게 전도한

3부 _ 긍휼의 하나님 211

것이 헛수고로 돌아가 버리기 때문이다.

　고심 끝에 양육만 전담하는 전도사님을 5명 두기로 결정했다. 전도사님을 각 교구로 편성해서 새가족을 관리하고 양육에 힘썼다. 새신자가 오면 세례를 받도록 이끌었다. 새가족이 등록하면 일주일에 한 번씩 새신자들이 속한 교구를 관리하는 전도사님이 찾아가서 교육 교재로 5주간 일대일 교육을 시켰다.

　그뿐만이 아니다. 남선교회나 여전도회에서도 교구의 새신자 관리에 힘썼다. 한 명이 등록하면 철저하게 관리하는 시스템으로 바뀌니 정착률이 상당히 높아졌다.

　나는 노량진교회에 와서도 전도부와 양육부 모두를 맡아 지도하였다. 이곳에서는 전도대가 새신자를 등록시킨 후 전도한 사람이 책임을 지고 새가족부에 등록하게 만든다. 그러면 새가족부를 담당하는 교사가 일대일로 담임을 맡는 식으로 진행한다. 담당 교사는 새신자들과 함께 5주간의 성경공부를 하는데, 그들에게 가르치는 강의를 내가 직접 맡아서 체계적으로 교육시키는 일을 맡고 있다.

　그런데 문제는 새가족부 사람들의 수준이 천차만별이라는 점이다. 난생 처음 교회에 나와서 '성경'의 '성'자도 모르는 사람과 다른 교회에 다니다가 와서 성경에 해박한 지식을 가진 사람이 함께 수업을 하니 수준이 맞지 않을 수밖에 없다. 그래서 두 부류의 사람을 모두 만족시키기 위해 딱딱한 강의보다는 간증 중심으로 교리에 맞춰 강의를 했다. 다행히도 두 부류의 사람 모두 만족도가 높았다.

5주간의 새가족반을 수료한 후 성도들에게 소감을 들려달라고 부탁했다.

"성경공부로 인해서 많은 은혜를 받았습니다. 앞으로 열심히 믿어보겠습니다."

처음으로 교회에 다니게 된 새신자가 말했다.

"다른 교회를 다니다가 노량진교회에 새로 와서 성경의 기초를 다시 배우려니 불쾌한 마음도 들었습니다. 하지만 5주간 성경공부를 하면서 제가 얼마나 교만했는지 알 수 있었습니다."

다른 교회에서 권사까지 하다가 옮기신 분이다. 교회에서 성경의 기초를 배우는 새가족반이 되어서 수업을 듣기 전에는 기분이 나빴지만 나중에는 더 큰 은혜를 받았노라는 고백을 했다. 지방 교회에서 장로로 섬기다가 서울로 이사를 오게 되어서 노량진교회에 등록하신 분이 있었다. 그런 분도 예외 없이 새가족부 수업을 들어야 했다.

"강의를 들으면서 처음 하나님을 만났을 때의 그 설렘을 느낄 수가 있어서 수업이 항상 기다려집니다. 이번 기회에 다시 한 번 새로운 각오로 신앙생활을 하겠습니다."

장로님의 새로운 각오를 들을 수 있었다. 5주간 새가족부 성경공부가 끝나면 처음으로 교회에 나온 사람은 세례 교육부로 넘어가서 8주간 강의를 듣는다. 그리고 그 과정이 끝나면 세례를 받는다. 다른 교회에 다니다가 온 성도는 기존 성경공부반으로 들어가고 각

부서나 찬양대에 가서 봉사를 한다. 이런 식으로 양육을 체계적으로 하다 보니 많은 수의 새신자들이 하나님의 사람으로 바로 서는 은혜를 경험했다.

이렇게 양육에 힘쓴 후 연말에 각 교구를 맡은 담당 목사님이 교구 당 정착 인원 통계를 내보았다. 그런데 그 결과가 너무나 놀랄 만한 것이었다. 새신자의 교회 정착률이 무려 78%에 달했던 것이다.

양육은 신앙의 바로미터

이제부터 내가 새가족부에서 강의한 내용을 적어보고자 한다. 딱딱한 교리가 아니라 간증 중심으로 양육을 하면 새신자들도 많은 은혜를 경험한다. 믿지 않는 사람들에게 "우리는 죄인입니다. 회개 하세요"라고 말하면 콧방귀를 뀐다. 왜 죄인인지 알지 못하고 이해도 못하는 사람들에게 죄인이니 회개해야 한다고 아무리 얘기해 봤자 소용없다. 새신자 교육도 마찬가지다. 무조건적으로 가르치는 지식보다는 이해를 곁들여서 알기 쉽고 감동이 오는 말로 양육을 하는 것이 중요하다.

(1) 창조

땅이 혼돈하고 공허하며 흑암이 깊음 위에 있고 하나님의 영은 수면 위에 운행하시니라 창 1:2

하나님이 천지를 창조하시기 전에는 세상이 이러한 모습으로 존재했다. 하나님은 사람이 살기에 합당하도록 아름다운 우주 공간을 만드셨다. 우선 빛을 만드신 후 낮과 밤을 나누셨다. 하늘과 땅을 나누시고, 뭍을 땅으로 부르고 물이 모인 곳을 바다라 부르셨다. 땅은 풀과 씨 맺는 채소와 각기 종류대로 씨를 가진 열매 맺는 나무를 만드시고 낮과 밤으로 징조와 계절과 날과 해를 이루게 하셨다.

두 큰 광명체를 만드시고 큰 광명체는 낮을 주관하게 하시고 작은 광명체로 밤을 주관하게 하시며 별을 만드셨다. 땅 위 하늘의 궁창에는 새가 날으라 하시고 큰 바다 짐승들과 모든 생물을 그 종류대로, 날개 있는 모든 새를 그 종류대로 창조하셨다. 땅의 짐승을 그 종류대로 가축을 그 종류대로 만드셨다. 이 모든 것을 말씀으로 창조하시고 하나님이 보시기에 좋았더라고 하셨다. 하나님은 이처럼 사람이 살아가면서 필요한 모든 우주만물을 창조하시고 마지막으로 사람을 만드셨다.

(2) 인간

하나님은 모든 피조물을 말씀으로 창조하셨다. 하지만 사람만큼은 자신의 형상 곧 하나님의 형상대로 창조하셨다. 흙으로 사람을 지으시고 생기를 그 코에 "훅" 불어넣으시니 생령이 되었다.

인간은 영적인 존재다. 하나님은 사람에게 영원을 사모하는 마음과 지, 정, 의와 자유의지를 주셨다. 하나님은 인간을 로봇으로 만들지 않으셨다. 스스로 생각하고 결정할 수 있는 한 인격체로 만드신 것이다.

(3) 죄

인간은 하나님께 영광을 돌릴 수 있도록 죄 없이 창조되었다. 인간에게 죄가 들어오기 전에는 깨끗한 마음만 있었다. 미움, 질투, 죽음, 아픔 등과 같은 나쁜 생각은 전혀 없는 건강한 모습으로 만들어졌다. 불안과 초조, 죽음에 대한 공포, 병마에 대한 불안함과 같은 것은 전혀 찾아볼 수 없었다. 그래서 성경에서는 하나님이 보시기에 심히 좋았더라고 말씀하고 있다. 오직 예쁜 마음과 행복, 평안이 우리 안에 자리 잡고 있었다.

성경에는 "아담과 그의 아내 두 사람이 벌거벗었으나 부끄러워하지 아니하였더라"(창 2:25)고 했다. 하나님은 인간이 행복하게 살 수 있도록 에덴동산을 만드시고 사람이 살 수 있도록 하셨다. 그리고 말씀하셨다.

여호와 하나님이 그 사람에게 명하여 이르시되 동산 각종 나무의 열매는 네가 임으로 먹되 선악을 알게 하는 나무의 열매는 먹지 말라 네가 먹는 날에는 반드시 죽으리라 하시니라 창 2:16-17

하나님이 만든 들짐승 중에 가장 간교한 것이 뱀이었다. 어느 날 뱀은 하와를 유혹하기 위해 이렇게 말했다.

"하나님이 참으로 너희에게 동산의 모든 나무 열매를 먹으라 하시더냐?"

"동산 나무의 열매는 먹을 수 있으나 동산 중앙에 있는 나무의 열매는 먹지도 말고 만지지도 말라고 이르셨다. 만약 이것을 먹는다면 죽는다고 하셨느니라."

뱀은 다시 말한다.

"너희가 결코 죽지 않을 것이니라. 너희가 그것을 먹는 날에는 너희 눈이 밝아져 하나님과 같이 선악을 알 줄 하나님이 아심이니라."

뱀의 이야기를 듣고 그 나무를 보니 열매가 아주 탐스럽고 먹음직스러웠다. 하와는 그 나무 열매를 따먹고 남편에게 주었다. 그러자 그들의 눈이 밝아졌다. 즉 죄가 들어 온 것이다. 선악과를 따먹기 전에는 벌거벗고 있었으나 부끄럽지 않았다. 하지만 열매를 따먹자 서로의 벗은 모습을 본 후 두려워서 숨었다. 과거에 몰랐던 두려움이 마음속으로 찾아 온 것이다.

하나님을 알되 하나님을 영화롭게도 아니하며 감사하지도 아니하고 오히려 그 생각이 허망하여지며 미련한 마음이 어두워졌나니 스스로 지혜 있다 하나 어리석게 되어 썩어지지 아니하는 하나님의 영광을 썩어질 사람과 새와 짐승과 기어다니는 동물 모양의 우상으로 바꾸었느니라 롬 1:21-23

또한 그들이 마음에 하나님 두기를 싫어하매 하나님께서 그들을 그 상실한 마음대로 내버려 두사 합당하지 못한 일을 하게 하셨으니 곧 모든 불의, 추악, 탐욕, 악의가 가득한 자요 시기, 살인, 분쟁, 사기, 악독이 가득한 자요 수군수군하는 자요 비방하는 자요 하나님께서 미워하시는 자요 능욕하는 자요 교만한 자요 자랑하는 자요 악을 도모하는 자요 부모를 거역하는 자요 우매한 자요 배약하는 자요 무정한 자요 무자비한 자라 롬 1:28-31

이 말씀처럼 눈이 밝아진 것은 창조했을 때의 인간의 본 모습이 파괴되고 죄가 인간의 마음으로 들어왔다는 것이다. 결국 인간은 죄로 말미암아 에덴동산에서 쫓겨났다. 그뿐 아니라 모든 인간의 마음은 죄악으로 가득 찼다.

모든 사람이 죄를 범하였으매 하나님의 영광에 이르지 못하더니… 죄의 삯은 사망이요 롬 3:23, 6:23

인간은 태어날 때부터 원초적인 죄성을 가지고 태어난다. 그로 인해 죽을 운명을 짊어지고 세상을 살아가게 되었다.

(4) 회복과 구원

모든 인간은 죄로 말미암아 죽을 수밖에 없는 존재이다. 그러므로 죄인이 죄인을 구원할 수 없다. 죄인을 구원할 수 있는 길은 죄가 없는 사람을 통해서이다. 하나님은 인간을 너무도 사랑하셔서 독생자 외아들을 세상에 보내주셨다. 예수님은 남자의 후손이 아닌 성령으로 말미암아 동정녀의 몸을 빌려 성령으로 잉태하여 죄 없는 여자의 후손으로 우리를 위해 오셨다.

세상에 오신 예수님은 인간의 죄 값을 대신 치르시고 영생의 선물을 우리에게 주셨다. 인간의 죄 값은 예수님의 죽음이었다. 예수님은 우리의 죄 값을 대신 지시고 십자가에서 죽으심으로 우리를 죄에서 속량하셨다.

여기서 예수님이 우리를 대신해서 죄 값을 치르신 것은 다음과 같은 비유로 설명할 수 있다. 옛날 우리나라에는 양반과 종으로 신분이 나눠져 있었다. 이때 양반의 아들이 잘못을 저질렀다. 그 대가가 곤장 30대였다. 그러면 양반집 아들을 위해 하인이 관가에 가서 그 죄 값으로 아들을 대신해서 30대를 맞고 온다. 그러면 아들의 죄가 사해지는 것이다. 이처럼 예수님이 죽으심으로 인해 우리의 죄가 사해짐을 받았다.

예수님은 십자가에서 죽으셨지만 삼 일 만에 사망의 권세를 이기고 부활하셨다. 그러고는 하늘로 승천하셔서 하나님 보좌 우편에 앉아 계신다. 승천하시기 전 예수님은 우리에게 다시 오시겠다고 약속하셨다. 이 사실을 믿기만 하면 구원에 이른다. 우리는 이 믿음을 갖고 항상 천국 소망을 마음에 품고 있어야 한다.

(5) 회개

여호와께서 말씀 하시되 오라 우리가 서로 변론하자 너희의 죄가 주홍 같을지라도 눈과 같이 희어질 것이요 진홍 같이 붉을지라도 양털 같이 되리라 사 1:18

우리는 자녀들이 무엇을 잘못하고 용서를 구하면 용서해 준다. 하물며 하늘에 계신 아버지가 우리의 죄를 회개하고 자복하는 데 용서를 안 해주실 리가 있겠는가? 모든 인간은 죄인이다. 우리 주님이 우리의 죄를 지고 십자가에서 죽으셨지만 우리는 죄의 용서를 구해야만 한다. 우리의 내면은 얼마나 많은 죄로 가득 찼는지 모른다. 조그마한 잘못을 보더라도 용서하기보다는 서로 싸우고 헐뜯기 바쁘다. 남을 죽이고도 뉘우치지 않는 사람도 있다.

내 안에 정직한 마음을 달라던 다윗의 고백처럼 우리도 자신의 잘못된 심령을 하나님께 아뢰어 깨끗한 영성으로 바꾸어 달라고 기도해야 한다. 그러면 우리의 심령이 하나님 보시기에 아름다운 모습으로 바꾸어질 줄로 믿는다.

(6) 구원의 길

많은 사람들이 구원은 어디에나 존재한다고 주장한다. 하지만 주님이 우리를 구원해주시지 않으면 우리는 구원에 도달할 수 없다. 우리가 세상에 태어날 때는 순서가 있지만 세상을 떠날 때는 순서가 없다. 하나님이 언제 부르실지 모르기 때문이다. 그래서 우리는 늘 하나님이 부르실 날을 준비하고 살아야 한다. 성경 말씀에 이런 구절이 있다.

> 예수께서 이르시되 내가 곧 길이요 진리요 생명이니 나로 말미암지 않고는 아버지께로 올 자가 없느니라 요 14:6

> 다른 이로써는 구원을 받을 수 없나니 천하 사람 중에 구원을 받을 만한 다른 이름을 우리에게 주신 일이 없음이니라 행 4:12

관악산 정상에 오르는 길은 여러 갈래가 있다. 서울대학교에서 출발할 수도 있고, 과천에서부터 오를 수도 있다. 또 안양에서 올라가는 길도 있다. 그러나 천국에 갈 수 있는 길은 오직 한 길 밖에 없다. 그 길은 바로 길이요 진리요 생명 되신 예수님이다.

(7) 믿음이란 무엇인가

에베소서 2장 8-9절에는 이런 말씀이 있다. "너희는 그 은혜에 의하여 믿음으로 말미암아 구원을 받았으니 이것은 너희에게서 난 것이 아니요 하나님의 선물이라 행위에서 난 것이 아니니 이는 누구든지 자랑하지 못하게 함이라"

마가복음 8장 36절에는 이런 말씀이 있다. "사람이 만일 온 천하를 얻고도 자기 목숨을 잃으면 무엇이 유익하리요"

나는 임종을 앞두고 있는 많은 사람들을 만났다. 놀라운 것은 죽음을 앞둔 사람들 중에서 하나님을 믿는 사람들은 자신의 생명을 연장시켜주신다면 열심히 주의 복음을 위해서 살겠다고 고백한다는 것이다.

그러나 믿음이 없는 사람들은 공허하다는 말을 많이 한다. 앞서 소개한 교수님 이야기를 읽으면서 당신은 무엇을 느꼈는가? 죽음 앞에서는 학문, 지식, 명예, 권세, 물질 등 세속적인 것은 아무런 도움이 되지 않는다. 오직 길이요 진리요 생명 되신 주님만이 교수님의 마지막 가는 길을 천국으로 인도해 주셨다.

하지만 세상적인 물욕에 목숨을 걸고 살아가는 사람들을 많이 볼 수 있다. 그들의 모습을 보면 마음이 아프다. 신앙 안에서 물질, 명예, 권세, 학문을 하나님의 영광을 비추는데 쓰는 사람들을 보면 이 모든 것이 행복으로 작용하는 것을 볼 수 있다. 자신을 위해서가 아니라 하나님의 나라를 위해서 쓰임 받는 것이 가장 값진 삶인 것이다. 당신의 모습은 과연 어떤가?

천국은 믿음으로 가는 곳이다. 그러나 많은 사람들은 교회에 헌금을 많이 하면 천국에 갈 수 있다고 생각한다. 어떤 종교나 철학을 통해서 선행을 배우고 도덕적인 삶을 실천하면 하나님께 나아갈 수 있다고 생각하는 사람도 있다.

> 우리가 아직 죄인 되었을 때에 그리스도께서 우리를 위하여 죽으심으로 하나님께서 우리에 대한 자기의 사랑을 확증하셨느니라 롬 5:8

이 말씀처럼 인간적인 행위로는 하나님 나라에 들어갈 수 없다. 오직 나의 죄를 위해 십자가에서 죽으신 예수님을 믿어야 구원에 도달할 수 있다. 하나님은 우리를 구원하기 위해 독생자 아들을 이 세상에 보내신 것이다. 이 복음을 믿는다면 다음과 같은 하나님의 약속을 누리게 된다.

> 첫째, 영생을 얻고
> 둘째, 심판에 이르지 아니하며
> 셋째, 사망에서 생명으로 옮겼느니라.

(8) 눈에 보이지 않는 믿음이 진짜다

믿음이란 무엇일까? 믿음은 하나님이 우리에게 선물로 주시는 영생을 얻기 위해 예수 그리스도를 진심으로 의지하고 우리의 마음과 삶에 모시는 것을 의미한다. 선물이란 값없이 공짜로 얻는 것이다. 선물을 받으면서 단돈 1원이라도 값을 지불한다면 그것은 선물이 아니다. 하나님은 우리에게 아무런 대가를 받지 않으시고 영생이라는 선물을 주셨다. 우리는 예수님이 나의 죄 값을 대신 치르기 위해 십자가에서 죽으셨다는 사실을 마음속으로 받아들일 때 믿음을 확신할 수 있다.

천국을 불신하는 사람들은 이렇게 말한다.

"천국이 어디 있어요? 죽으면 그만이지!"

이런 사람들에게 나는 이런 이야기를 들려주곤 한다.

"아기가 엄마 뱃속에 몇 달간 있나요?"

"열 달이요"

"아기는 지금 엄마 뱃속에 있습니다. 열 달이 지나면 엄마 뱃속에서 나갈 수 있지요. 아기에게는 그곳을 나가면 엄청난 세상이 준비되어 있어요. 아직 얘기해도 잘 모르겠지만 거기에는 텔레비전도 있고 피아노도 있고 컴퓨터도 있어요. 아기가 엄마 뱃속에 있을 때 누군가가 이렇게 이야기한다면 아기가 과연 믿을까요? 아마 믿지 못할 겁니다. 우리가 천국을 믿지 못하는 것과 마찬가지입니다. 눈에 보이지 않기 때문에 믿지 못할 뿐입니다. 하지만 천국은 실제로 존재합니다. 우리는 이 세상을 살다가 언젠가는 하나님이 부르시는 날 천국으로 가야만 합니다. 아기가 모르는 바깥 세상과 마찬가지로 그곳 또한 엄청난 것이 우리를 위해 준비되어 있습니다."

하나님의 말씀에 모든 구원의 비밀이 감춰져 있다. 우리가 이 모든 것을 믿는 순간 천국의 길이 우리에게 열릴 것이다. 믿음에 대해서 말할 때 이 이야기 또한 빼놓을 수 없다.

나와 막역한 사이로 지내던 정 권사님이 암이라는 진단을 받았다. 이 소식을 전해들은 그날부터 내 얼굴에 어두운 그림자가 드리우기 시작했다. 무엇을 해도 기쁨이 없고, 정 권사님 걱정에 밥 한술 들기가 어려웠다. 그날부터 새벽에 홀로 성전으로 나가서 기도를 했다. 내 마음속에 시커먼 큰 산이 가로막힌 듯 답답함이 가슴을 무겁게 짓눌러 아무것도 할 수가 없었다. 나는 답답함에 가슴을 주먹으로 내리치면서 하나님께 부르짖어 기도했다. 그때 주님의 음성이 들렸다.

"이 산을 들어 옮겨라. 이 산을 들어서 바다에 빠뜨려라."

우레같이 큰 소리의 하나님 음성이 내게 들려왔다. 그 순간 깨달음과 함께 가슴 깊은 곳으로부터 울림이 전해졌다. '내 마음속에 있는 이 산을 내가 옮겨 놓아야겠구나.' 나는 하염없이 하나님께 기도하기 시작했다. 그리고 그 큰 산을 넓고 깊은 바다에 버렸다. 모든 문제의 근원인 두려움과 불안함을 떨쳐버리자 가슴이 시원해지면서 비로소 마음의 평안을 느꼈다. 이것이 하나님이 주시는 응답이라고 생각하니 너무나 고마워서 눈물의 기도가 절로 나왔다.

　많은 암 환자들이 암 때문에 죽는 줄 안다. 하지만 암이라는 큰 병마와 싸워서 이기지 못하는 원인은 바로 병에 대한 두려움과 불안, 죽음에 대한 공포 때문이라고 한다. 암을 치유한 사람을 보면 암으로 인한 모든 공포를 이겨낸 사람들이다. 우리는 믿음의 눈으로 우리 안에 있는 불안의 산, 공포의 산, 두려움의 산, 죽음의 산을 저 멀리 떨쳐 버려야 한다.

　나는 마태복음 17장 20절의 말씀을 다시 한 번 묵상했다. "이르시되 너희 믿음이 작은 까닭이니라 진실로 너희에게 이르노니 만일 믿음이 겨자씨 한 알 만큼만 있어도 이 산을 명하여 여기서 저기로 옮겨지라 하면 옮겨질 것이요 또 너희가 못할 것이 없음이라"

　우리는 어떤 어려운 일이 닥치면 불안하고 초조해서 잠을 이루지 못한다. 근심과 염려 속에서 하루하루를 근근이 살아간다. 우리 마음을 지배하는 근심, 걱정이 마음속 큰 산으로 자리 잡아 우리를 죽이고 있다. 주님은 우리를 괴롭게 하는 큰 산을 이 시간 옮겨 놓으라고 말씀하신다. 당신이 지금 마음속에 가지고 있는 큰 산, 그 어두운 세력들을 바다에 빠뜨려 버리시기를 바란다. 그러면 마음속에 큰 평화가 찾아오게 될 줄로 믿는다.

　우리가 믿음을 갖기 위해 가장 중요한 것이 마음의 문을 열어 놓는 것이다.

볼지어다 내가 문 밖에 서서 두드리노니 누구든지 내 음성을 듣고 문을 열면 내가 그에게로 들어가 그로 더불어 먹고 그는 나로 더불어 먹으리라 계 3:20

영접하는 자 곧 그 이름을 믿는 자들에게는 하나님의 자녀가 되는 권세를 주셨으니 요 1:12

이 말씀처럼 하나님은 우리에게 이 모든 것을 약속하셨다. 이 시간 마음의 문을 열고 예수님이 나의 구원자이심을 믿어 의에 이르시기를 바란다. 예수 그리스도를 믿기를 원하는가? 그러면 지금 하나님께 기도하라! 이렇게 말이다.

"하나님, 저는 죄인입니다. 저를 불쌍히 여기셔서 나의 죄를 대신 지고 십자가에 돌아가신 예수님을 저의 마음에 모십니다. 이 시간 내 마음속에 들어오셔서 저를 주장하시고 모든 죄를 용서하여 주옵소서. 예수님의 이름으로 기도합니다. 아멘!"

에필로그

개척의 명령을 받들다

노량진교회에 온지 2년 5개월이 흘렀다. 언제부터인가 기도하는 가운데 개척을 통해 하나님께 영광을 돌려 드리고 싶었다. 개척을 위해 많은 시간을 기도했다. 그러나 쓰러지면서 개척도 포기했다. 건강도 자신이 없는 와중에 개척을 한다는 것은 말이 안 된다는 생각에서였다. 그런데 하나님께서 나를 향해서 어떤 계획이 있으신 것 같다. 다시 건강을 주시고 어느 날부터 개척을 위해 기도하게 하시더니 용인에 땅을 주셨다. 땅의 계약을 마치고 감사의 기도를 드리기 위해서 기도원에 올라갔다. 나는 강단 앞에서 무릎을 꿇고 하나님께 눈물 뿌려가며 이렇게 감사의 기도를 올렸다.

"하나님. 앞으로 어떻게 될지 아무것도 모릅니다. 부족한 것이 너무나 많습니다. 하지만 하나님께 저의 생명을 내어드립니다. 여태껏 알지 못했습니다. 하지만 뒤돌아보니 너무너무 하나님께 감사드릴 일만 있더군요. 부족한 종이지만 하나님, 도와주세요."

그러자 이런 음성이 들렸다.

"네가 내게 생명 바쳤잖아."

나는 너무 놀랐다. 하나님께서 저의 생명을 받으셨다는 응답을 주셨다.

"하나님. 언제요?"라고 울면서 부르짖었다. 너무 감격해서 하나님께 그냥 죽도록 충성한 일밖에 없었다는 생각이 들었다. 그 충성을 하나님은 생명을 받았다고 말씀하셨다. 그때 일을 지금도 잊을 수가 없다. 그 자리에서 하나님께 나를 온전히 내려놓고 다시 감사의 기도를 드리면서 흐느꼈다.

"저 같은 것을…. 벌레만도 못한 저 같은 것을…."

마치면서

전도는 영혼을 사랑하는 일

많이 부족하지만 그동안 하나님이 베풀어주신 큰 은혜를 글로 적어 보았다. 어떻게 보면 참 부끄러운 모습이다. 그러나 나의 부족한 모습을 여러 사람들과 함께 나누고 싶어서 책을 내기로 결심했다.

30년의 전도 사역을 통해 오히려 내가 더 많은 은혜를 경험했다. 나의 삶을 돌아보면 '하나님이 나 같이 하찮은 존재를 너무 사랑해 주셨다'는 고백밖에 드릴 수 있는 것이 없다. 앞으로 이런 나를 위해 하나님이 준비하시는 계획을 바라보면서 기대가 되고 흥분이 되는 것을 감출 수가 없다.

하나님은 목회 사역 14년 만에 교회 개척이라는 사명을 허락하셨다. 아무것도 가진 건 없지만 땅을 주시매 너무도 감사해서 기도원에 올라가 하나님께 마지막 내 생명을 드렸다. 이제 앞으로의 사역에 죽도록 충성해서 한국교회의 복음을 위해 새로운 장을 열고 싶다. 그리고 그 새로운 장을 통해 하나님께 영광을 돌려드리고 싶다.

이런 부족한 종을 목사로 세워주신 하나님과 물질로 도움을 주신 권사님들과 구하리교회 건축을 책임지고 도와주신 노량진교회 이길웅 장로님, 이일혁 장로님, 이진국 집사님께 감사의 말을 전하고 싶다. 이제 나는 오직 주님의 십자가만 바라보며 하나님 나라를 위해 헌신하며 복음을 전하는 복된 삶을 살고자 한다.

아줌마 전도왕 그리고...

초판1쇄 발행 2010.09.20
   2쇄 발행 2010.10.05

지은이   김인아
발행인   방주석
책임편집 설규식
영업책임 곽기태
디자인   황은경

발행처   베드로서원
주소   서울 서대문구 충정로 2가 157 사조빌딩 213호
전화   02-333-7316
팩스   02-333-7317
웹사이트 www.peterhouse.co.kr
e-mail peterhouse@paran.com

출판등록 2010년 1월 18일(제59호) / 창립일(1988.6.3)

ISBN   978-89-7419-283-9 03230
책값   뒤표지에 있습니다

베드로서원은 기독교문화 창달을 위해 좋은 책 만들기에 힘쓰고 있습니다.